MANUEL

DES

CHOCOLATIERS

TRAITANT DE LA PARTIE PRATIQUE DES APPAREILS EN USAGE

ET DE LA CONFECTION DES BONBONS A BASE DE CHOCOLAT

Par Augustin GOSSELIN

Secrétaire-Rapporteur de la délégation Ouvrière des Chocolatiers et sa protestation contre la publication incomplète de son Rapport sur l'Industrie Chocolatière de l'Exposition universelle de 1867.

OUVRAGE ORNÉ DE VIGNETTES.

Prix: 1 fr. 50.

PARIS

LIBRAIRIE ENCYCLOPÉDIQUE DE RORET

RUE HAUTEFEUILLE, 12.

1869

MANUEL

DES

HOCOLATIERS

'ANT DE LA PARTIE PRATIQUE DES APPAREILS EN USAGE

ET DE LA CONFECTION DES BONBONS A BASE DE CHOCOLAT

Par Augustin GOSSELIN

Étaire-Rapporteur de la délégation Ouvrière des Chocolatiers
et sa protestation contre la publication incomplète de son
Rapport sur l'industrie Chocolatière de l'Exposition
universelle de 1867.

OUVRAGE ORNÉ DE VIGNETTES.

Prix: 1 fr. 50.

PARIS

LIBRAIRIE ENCYCLOPÉDIQUE DE RORET

RUE HAUTEFEUILLE, 12.

1869

PARIS, le 15 JUILLET 1869.

Monsieur BARRY DU BARRY,

26, Place Vendôme, à Paris,

MON TRÈS-HONORÉ CHEF,

Permettez-moi de mettre votre nom en tête de cet ouvrage, afin de vous témoigner toute ma reconnaissance pour m'avoir confié la direction de votre usine.

Homme de progrès, vous m'avez autorisé à introduire dans votre établissement mes idées d'économie et mes procédés de bonne fabrication. J'ai apporté tous mes soins à la Revalescière devenue si populaire; je suis parvenu à la chocolater, grâce à la machine à extraire l'air que M. Hermann avait déjà simplifiée et rendue industriellement pratique, et qu'il a su approprier au moulage de nos tablettes d'une pâte si ferme.

En utilisant les appareils déjà existants pour fabriquer du chocolat pur, exempt de tout mélange autre que de sucre avec le cacao, vous avez voulu compléter votre outillage en y ajoutant son Mélangeur à table tournante en granit. J'ai pu constater les avantages de cette excellente machine sur les autres à l'Exposition dernière par une expérience comparative faite publiquement par mes deux collègues et moi, délégués des ouvriers chocolatiers chargés de la mission d'examiner l'outillage et les produits concernant la chocolaterie.

Comme secrétaire-rapporteur, je n'ai pas à me louer de la fidélité apportée à la publication de mon rapport, aussi je crois avoir le droit de publier ma protestation, et de l'accompagner d'un Manuel des Chocolatiers, dont je vous prie de vouloir bien accepter la dédicace.

A. GOSSELIN,

Contre-maître directeur de l'usine d'Asnières,
30, rue Bapst.

A Monsieur GRAUX, Président du bureau électoral des Chocolatiers,

MON CHER GRAUX,

Mon intention était de vous soumettre mon rapport avant de le faire signer par les deux autres délégués, qui n'ont pas été capables de me remettre la moindre note. Trop pressé par le temps, j'avais cru bien faire en le communiquant à M. Devinck, à son château de Petit-Bry. Il l'a lu avec attention, et il m'a prié de supprimer, à propos de sa machine à plier le chocolat, CES MOTS : « *Tandis qu'une plieuse un peu habile enveloppera beau-* « *coup plus vite* » qu'il a remplacés par ceux-ci : « *M. Armand Dauplay* « *prétend qu'il va ajouter deux appareils semblables à celui qui fonctionne sur* « *la machine, il en résultera que cette machine pourra faire le triple de ce qu'elle* « *produit.* »

Cette correction faite, M. Devinck me l'a rendu avec son approbation. Je l'ai fait signer par mes deux collègues, qui eux aussi l'ont approuvé, et nous avons été le porter ensemble, le 1er novembre 1867, à la commission d'encouragement, où siégeait dans ce moment un grand nombre de membres. J'ai saisi cette occasion de signaler à ces messieurs la lacune existante d'un manuel de l'industrie chocolatière. Je leur ai proposé si la commission voulait me prêter son concours pour son impression, de combler ce vide en faisant ce travail, pour lequel une grande partie des matériaux avait déjà été réunie par moi. M. Devinck, président de cette commission, m'avait donné tout espoir à ce sujet.

Vous qui avez lu mon manuscrit et avez insisté, avec beaucoup d'autres signataires de votre lettre à M. Devinck, pour faire imprimer mon rapport dans son entier, en le voyant tel qu'il vient d'être publié par la commission, complètement défiguré, vous vous êtes senti froissé pour le peu d'égards qu'on a eu pour vos réclamations.

Pour ma part, dussé-je exciter quelques susceptibilités, en disant la vérité, puisqu'on n'a pas craint de blesser les délégations ouvrières dans leur dignité, j'ai réuni toutes les attestations confirmant l'ensemble de mon rapport pour les publier en forme de protestation, en les accompagnant d'un manuel que j'espère voir accueillir favorablement par les chocolatiers.

Je regrette que vous n'ayez pu assister aux deux expériences que nous venons de faire à l'usine, dont vous trouverez ci-dessous un exposé. J'espère que très-prochainement vous viendrez me voir, et, en attendant, recevez, mon cher Graux, mes salutations bien amicales.

A. GOSSELIN.

Asnières, le 9 Mai 1869.

M. Hermann ayant encore perfectionné, depuis la dernière exposition, son Mélangeur à table-tournante en granit de 1m 40, diamètre du mélangeur de Debatiste qui existait déjà à l'usine, il en a été placé un à côté de celui-ci, et le 2 mai, deux jours après son arrivée, nous avons fait un essai comparatif par une venue de 35 kil. 25. Nous avons mis dans chacun, à 10 heures 15 minutes, 15 kil. cacao; à 10 heures 35 minutes, 20 kil. 25 de sucre ont été successivement ajoutés dans celui d'Hermann, et la pâte a été suffisamment mélangée pour la relever à 11 heures, tandis que dans celui de Debatiste les 20 kil. 25 de sucre ont pu être ajoutés seulement à 11 heures, et le mélange n'a pu être relevé qu'à 11 heures 40 minutes, de sorte que le Mélangeur Hermann avait fait cette opération en 45 minutes, et celui de Debatiste seulement en 1 heure 25 minutes, ce qui fait une différence en faveur du premier de 40 minutes.

Comptant sur votre visite, aujourd'hui dimanche 9 mai, nous avons procédé à une expérience plus concluante encore, et après avoir mis les deux Mélangeurs en marche à 1 heure 15 minutes, mais sans changer la venue pour celui de Debatiste, qui ne peut supporter ici plus de 35 kil. 25, sans jeter la pâte au dehors, nous avons mis le double dans celui d'Hermann, soit 70 kil. 50, en commençant par 30 kil. de cacao versés à la fois, lequel une fois arrivé à l'état gras, à 1 heure 35 minutes, a reçu successivement et en 3 fois, 40 kil. 50 de sucre raffiné et cassé en gros morceaux, le mélange a été suffisamment homogène pour relever la pâte à 2 heures 3 minutes et la raffiner à la broyeuse.

A celui de Debatiste, les 15 kil. de cacao ont été prêts à 1 heure 48 minutes pour recevoir par portions les 20 kil. 25 de sucre, en tout pareil à l'autre pour être relevé en pâte seulement à 2 heures 23 minutes.

Dans celui d'Hermann, le mélange de 70 kil. 50 a été terminé en 48 minutes, et la moitié, soit 35 kil. 25 dans celui de Debatiste, ne l'a été qu'en 1 heure 8 minutes.

De sorte qu'il est donc plus avantageux de doubler les doses dans le Mélangeur Hermann pour en constater sa véritable supériorité, et comme un seul ouvrier peut en desservir 3 et même 4 à la fois dans une grande fabrication, l'économie de son travail sera encore plus appréciable.

S'il restait un doute dans l'esprit de quelqu'un, il n'aurait qu'à venir à l'usine pour se convaincre.

Ont signé : Stewart, chauffeur-mécanicien, Bataille et Félix Vanderkerkow.

Certifié conforme à la vérité, A. GOSSELIN.

NOTA. — Il résulte de cette expérience, que si le Mélangeur Hermann produit 70 kilos 50 en 48 minutes, et celui de Debatiste seulement 35 kilos 25 en 1 heure 8 minutes, la différence en faveur du premier serait de 525 kilos par 12 heures de travail par jour, soit 157,500 en 300 journées de l'année! Quel est donc le fabricant devant occuper plusieurs Mélangeurs dans son usine qui serait assez ennemi de ses intérêts pour ne pas tenter lui-même cette expérience?

A. G.

AUX CHOCOLATIERS.

S'il y a eu un retard jusqu'à présent à la publication du Rapport sur l'Exposition, cela provient en partie de la manière irrégulière dont l'élection des délégués s'est faite. Beaucoup d'électeurs ont protesté contre les tentatives inqualifiables dont on s'est servi pour les corrompre (entre autres en les engageant à profiter de largesses payées à l'avance chez les débitants de boissons). Il en est résulté, que troisième sur la liste, j'ai été adjoint comme Secrétaire-Rapporteur.

En me trouvant en présence de mes deux collègues, j'ai pu reconnaître de suite le motif qui les avait fait se présenter comme délégués.

Sans faire des examens et des études sur l'industrie de la chocolaterie, leur préoccupation principale était de vouloir demander une nouvelle allocation et de faire de suite une expérience comparative des machines à fabriquer le Chocolat fonctionnant dans la classe 50.

Cette expérience (dont je vous ai fait parvenir le procès-verbal), n'ayant pas réussie à leur gré, M. Debatiste a fait une protestation auprès de la Commission d'encouragement contre cette publication prématurée. J'ai le regret de le dire, malgré la promesse formelle de cette Commission, que rien ne serait changé au rapport des délégués, elle a, au contraire, cherché à exercer une pression pour en supprimer une partie, afin de complaire à certains patrons, qui avaient intérêt à déprécier d'autres machines supérieures aux leurs.

Cependant, plus éclairé par la suite sur les droits des délégués, j'ai protesté contre toute suppression et j'ai demandé sous ma responsabilité que mon Rapport, approuvé et signé par les deux délégués, soit publié dans son entier, ou à défaut, qu'il me soit rendu pour pouvoir tirer parti de ce travail et en faire un Manuel qui manque dans cette industrie, qui a pris un si grand développement, grâce aux Machines de M. Hermann, copiées par d'autres, et aux efforts duquel on oublie aujourd'hui de rendre justice.

Pour me mettre à l'abri de toute contestation ultérieure sur la véracité de mon Rapport, et répondre d'avance aux menaces de procès que l'on a fait circuler, je me suis procuré les attestations dont vous trouverez plus loin les copies, en vous en faisant vous-mêmes juges.

De nombreuses démarches avaient été faites par M. Graux, Président du bureau électoral et par moi, auprès des Président et Secrétaire du bureau des délégations ouvrières, pour qu'ils obtiennent la publication en son entier du Rapport déposé le 1er novembre 1867, par les délégués chocolatiers, et ce n'est que le 26 janvier dernier que M. Tartaret, Secrétaire, m'a écrit une lettre ainsi conçue :

« Mon cher Collègue,

« Je vous envoie la copie de la note que notre collègue Ruelle désire

« insérer après le procès-verbal de l'expérience Hermann et Debatiste, pour « les Mélangeurs de l'Exposition.

« Tâchez d'accepter, afin que le Rapport puisse paraître, et envoyez-moi « réponse le plus tôt possible, tout le monde attend.

« Signé : E. TARTARET. »

Voici ce que j'ai répondu :

« Asnières, le 29 janvier 1869.

« MON CHER COLLÈGUE,

« J'ai reçu votre lettre du 26 courant avec la note de M. Ruelle que « vous m'engagez à confirmer par ma signature, pour que mon Rapport « soit enfin publié. Si c'est là le dernier mot, comme vous dites, j'ai bien « peur que cette publication ne se fasse jamais. Comment, vous ne recon- « naissez pas la protestation de M Debatiste, sous le couvert de M. Ruelle, « qui prétend me faire dire aujourd'hui que le Mélangeur Hermann est une « invention Debatiste; quand nous disons dans le Rapport que ce dernier « a fait le sien d'après le système de Mélinant, de Lyon, exposé en 1849. Car « si le Mélangeur Hermann était une invention Debatiste, comment se « fait-il alors que, pendant l'Exposition, il n'ait pas fait la moindre récla- « mation, pas même auprès du Jury ?

« Il était convenu que les patrons n'avaient rien à voir dans l'examen « des produits par les délégués ouvriers. La présence de M. Debatiste à « l'expérience comparative ne pouvait donc exercer aucune influence ; pas « plus que celle de M. Hermann, qui ne s'en était nullement mêlé, car « lorsqu'il est arrivé, les ouvriers chocolatiers de la Compagnie Française, « faisant fonctionner les Machines Debatiste, venaient de nous remettre « cacao et sucre que nous avons pesé, et M. Ruelle, délégué, n'a pas craint « de mettre habit bas pour faire mieux marcher le Mélangeur Debatiste, « qu'il a ainsi remplacé plus que les convenances ne l'exigeaient. La note « sur l'achèvement du mélange à l'usine n'est pas dans le Rapport, il n'y a « rien à y supprimer : mais il existe un certificat à ce sujet.

« Il est vrai qu'après l'expérience faite à l'Exposition, qui avait été « povoquée par mes deux collègues, avec l'espoir d'un succès qui leur a « été contraire, M. Ruelle avait prétendu que le Mélangeur Hermann « devait exiger plus de force motrice que celui de Debatiste : « Ne nous « sentant pas compétents pour juger cette question, comme ouvriers « chocolatiers, n'ayant pu essayer les machines au frein; nous nous « sommes néanmoins transportés tous les trois à la fabrique de M. Hermann. « Là le contre-maître nous a fait voir la force exigée, en jetant dans le « Mélangeur une boîte de sucre en gros morceaux et en faisant passer « la courroie sur la poulie folle pour tourner la machine à la main. « J'ai été édifié, d'autant plus que depuis j'ai à conduire un Mélangeur

« Debatiste, dans lequel je n'oserai jamais mettre une pareille quantité « de sucre à la fois, de crainte de tout briser (1).

« Par cet exposé, vous voyez que je ne me ferai pas le complice de « M. Ruelle, prête-nom de M. Debatiste. Si la Commission juge à « propos de publier sa note en son nom personnel sur une feuille à part, « en laissant le Rapport dans son entier, et tel qu'il a été signé et déposé, « je demanderai, de mon côté, qu'à la suite de sa note on imprime aussi « le certificat et l'appréciation de M. Buellet, mécanicien conducteur de la « force motrice 50e classe, dont je vous adresse une copie.

« Si dès le principe vous aviez fait venir M. Alexis Ruelle devant « M. Henri et vous, pour lui faire rédiger sa note en votre présence, vous « auriez été édifié sur son compte et le Rapport serait publié. En se portant « fort et en signant par procuration de M. Auguste Coulée, qui, de son « vivant, lui a donné un démenti sur la suppression faite par lui en son « nom de la majeure partie du procès-verbal de l'expérience, vous pouviez « déjà juger ce dont il était capable (2).

« Dans tous les cas, je tiendrais que le Rapport soit publié dans son « entier, assumant sur moi la responsabilité, ou à défaut de sa publication « que je revendique comme mon œuvre et ma propriété, je demande à ce « qu'il me soit rendu, afin que je puisse en tirer parti pour en faire un « Manuel qui sera d'une grande utilité pour les Chocolatiers.

(1) Ce Mélangeur, qui a l'inconvénient de rejeter les matières en dehors de la cuvette, m'en a fait reconnaitre un autre depuis que j'en ai un ici sous ma surveillance, c'est d'être obligé de démonter les colonnes, le croisillon, le tourniquet et les galets eux-mêmes pour en graisser les boîtes, ce qui est plutôt l'ouvrage d'un mécanicien que d'un ouvrier chocolatier.

Au Mélangeur Hermann, les galets se trouvent graissés naturellement par l'introduction journalière de quelques gouttes d'huile de pied de bœuf dans les trous pratiqués à cet effet à l'arbre qui les supporte.

Les deux paliers de l'arbre moteur sont à graissage continu, la cuvette étant remplie d'huile et la crapaudine assez profonde pour former boîte et alimentée d'huile par un tube avec entonnoir à l'extérieur, de sorte qu'il n'y a jamais rien à démonter.

Il y a par ce fait une économie de temps en main-d'œuvre, qui se trouve encore augmentée dans une grande fabrication où un seul homme suffit à desservir plusieurs Mélangeurs à la fois.

(2) Déjà, au mois de septembre de l'année dernière, une lettre ainsi conçue, a été adressée à M. Devinck, Président de la Commission d'encouragement pour les études des ouvriers à l'Exposition universelle de 1867 :

« M. Gosselin m'a fait part de la conversation qu'il a eue avec M. Ledentu, au Palais de l'In- « dustrie qui prétend vouloir publier le Rapport avec des suppressions et d'y omettre le nom de « M. Gosselin, étant autorisé par M. Ruelle à donner le bon à tirer, tant en son nom qu'en celui de « M. Coulée.

« Nous avons vu M. Coulée qui déclare formellement n'avoir donné aucune autorisation pour « agir en son nom.

« Comme nous avons tous reçu un exemplaire du procès-verbal des expériences faites par les « délégués, nous tenons essentiellement à ce que rien ne soit changé à leur Rapport et qu'il soit « publié dans son entier.

« Agréez l'expression de nos sentiments les plus sincères!

« Signé Graux, Président du bureau électoral des chocolatiers. — Suit un grand nombre de « signatures. »

« Je vous serai donc très obligé d'en finir une bonne fois, car cela « devient très fatigant pour tout le monde.

« Agréez, mon cher collègue, mes salutations sincères.

« Signé : GOSSELIN. »

Les copies de ces deux lettres ont été envoyées à M. Devinck, Président de la Commission d'encouragement, siégeant au Palais de l'Industrie, et tout me faisait espérer que le Rapport, tel qu'il a été déposé et signé par les trois délégués, serait enfin imprimé dans son entier. Cependant il vient d'être publié, mais tronqué et mutilé.

L'introduction toute entière a été supprimée, et il commence :

DE LA FABRICATION DU CHOCOLAT.

Page 4, à la suite des mots..... l'ont adopté de préférence aux Mélangeurs plus petits que M. Hermann avait construits, à deux galets ellypsoïdes, tournant dans une concave, le Rapport signé par les trois délégués, dit :

« Il a fallu une Exposition comme celle-ci, et la mission nous étant « dévolue d'examiner toutes les Machines fabriquant le Chocolat dans la « 50e classe, et voulant nous former un jugement certain et sérieux, et à « cet effet nous avons procédé le 17 octobre à des essais comparatifs, après « avoir invité MM. Debatiste, Bouvin et Hermann à se trouver à l'Expo- « sition avec du cacao et du sucre en suffisante quantité pour pouvoir « opérer convenablement.

« M. Bouvin nous ayant déclaré que son Mélangeur était plus petit que « celui de ses deux concurrents, nous lui avons offert de faire les doses « seulement de 30 kilos cacao et sucre, au lieu de 50 kilos, malgré cette « offre, il a préféré se retirer de la lutte et nous avons opéré par 51 kilos, « dont 21 de cacao et 30 de sucre, sur chacun des deux autres Mélangeurs.

« Au bout de vingt minutes, le cacao mis dans le Mélangeur Hermann, « était suffisamment broyé et liquide, pour y ajouter successivement le « sucre, cette opération était compètement achevée en 25 minutes, soit en « tout 45 minutes.

« Ce résultat doit être attribué à la disposition des couteaux ramasseurs « qui relèvent et retournent constamment la pâte et la conduisent sous « chacune des meules verticales et droites, montées sur un seul arbre, « agissant librement et suivant toutes les impulsions de la pâte.

« Pendant que le cacao se trouvait déjà liquide dans le Mélangeur « Hermann, il commençait à peine à graisser dans celui de Debatiste et sa « pâte se trouvait encore collée sur la table en granit tournant avec son « enveloppe en fonte.

« Pour décoller cette pâte, on a fait jouer le tourniquet adapté à la ma- « chine pour cet usage, mais celle-là n'était pas encore assez molle, il s'en « est trouvé rejetée au dehors, ce qui a obligé l'ouvrier d'arrêter le tour-

« niquet, le cacao a donc été *à peu près broyé* au bout de 40 minutes pour « pouvoir y ajouter le sucre et l'opération entière a duré 65 minutes.

« Le retard de 20 minutes dans le Mélangeur Debatiste avec une table « en granit de 1 m. 40 c., de la même dimension que l'autre, doit donc « provenir de ce que les couteaux n'envoyant les matières que sous une « seule meule, dont toutes les deux coniques se trouvent placées en sens « contraire sur un même côté de la table, les y aplatissent et les collent.

« Nous devons cependant faire observer que le Mélangeur Debatiste ne « faisait que 24 tours à la minute, tandis que celui d'Hermann faisait 27 « tours, ce qui ferait trois tours de différence par minute; mais en prenant « en considération que la table tournante du Mélangeur Hermann se « trouve entourée d'une chemise fixe, sa vitesse pourrait encore être aug- « mentée sans inconvénient et par conséquent sa production, il aurait « donc encore cet avantage sur le Mélangeur Debatiste, dont la vitesse ne « pourrait plus être augmentée sans rejeter les matières au dehors.

« Contrairement à notre supposition que les couteaux râcloirs « pourraient être un obstacle au prompt vidange du Mélangeur Her- « mann, on l'a cependant vidé comme celui de Debatiste dans l'espace « de 3 minutes.

« De sorte qu'après ces expériences, consciencieusement faites, et en « présence de plusieurs autres ouvriers chocolatiers, nous devons cons- « tater que le Mélangeur Hermann nous paraît supérieur à tout ce qui a « été fait jusqu'à ce jour, aussi bien par sa bonne et solide construction, « que par sa facilité d'être chauffé et surtout par sa commodité pour le « travail de l'ouvrier. »

Tandis que dans le Rapport publié tout ce procès-verbal se trouve relégué à la fin, sous le titre: *Observations de M. Gosselin,* comme si c'était une appréciation personnelle.

Par contre, sans aucune liaison à ce qui précède, on y fait dire aux délégués:

« Après des expériences consciencieusement faites (en supprimant: et « en présence de plusieurs autres ouvriers chocolatiers), nous devons cons- « tater que le Mélangeur Hermann nous paraît supérieur à tout ce qui a « été fait jusqu'à ce jour, etc., etc.; mais en ajoutant: *Quoique* notre « opinion soit qu'il prend plus de force que celui de M. Debatiste. » Cette addition ne fait pas honneur à l'intelligence du Rédacteur de la Commission, puisque la phrase suivante commence par :

« *Quoique* M. Devinck ne soit pas constructeur de machines, il a néan- « moins exposé deux machines inventées dans ses ateliers par M. Armand « Dauplay, son contre-maître et construites par M. Rouffet, l'une doit « extraire l'air du Chocolat, le peser et le mouler, cette machine ne fonc- « tionnant pas à l'Exposition, nous nous sommes transportés à l'usine de « M. Devinck où le public peut l'admirer depuis près de vingt ans.

« L'autre machine, qui attire beaucoup de curieux, est extrêmement

« ingénieuse, elle est destinée à envelopper le Chocolat, elle avait déjà été « exposée en 1855, et plus tard à Londres, en 1862, ayant subi de grands « perfectionnements, et sa marche paraît très régulière; mais on supprime « ce qui suit :

« Cependant, nous ne lui avons pas vu envelopper du Chocolat, mais « toujours des tablettes en bois très régulièrement façonnées, cela tient « sans doute à ce que le Chocolat, sorti des moules, ne conserve pas cette « régularité mathématique exigée par la machine, et qu'il faut encore « l'envelopper préalablement par une feuille d'étain, ce qui exige « une main-d'œuvre d'une première personne, la mise dans la chaîne « ascendante, une seconde, et enfin, la réception de la tablette sur la « machine même, une troisième personne (1). »

D'un autre côté, le commerce exige toutes sortes de formats pour chacun desquels il faudrait une machine spéciale, et en raison du prix de revient très-élevé de celle-ci, aucun fabricant ne pourra se décider à adopter ce système de machines.

Beaucoup d'entre vous qui ont lu la minute de mon Rapport avaient témoigné la crainte que ces appréciations conformes à la vérité pourraient être une des principales causes du retard apporté à sa publication, et faisaient la réflexion, que si l'on dit que M. Devinck n'est pas constructeur de machines, dont l'une pour faire les tablettes existe depuis 20 ans, n'est adopté par aucun fabricant, ne pouvant pas rendre de services à son industrie, et que l'autre, destinée à envelopper du Chocolat, ne peut envelopper que des tablettes en bois régulièrement façonnées, il n'y a par conséquent aucun progrès pour mériter les récompenses obtenues par M. Devinck depuis les expositions de 1844 jusqu'à celle en or de 1867; quand au contraire elles auraient dû être plutôt données à l'inventeur et ouvrier, M. Armand Dauplay, qui a atteint le but de procurer à cette maison une publicité spéciale, en créant des machines ingénieuses pour attirer le public, lequel les voit fonctionner avec intérêt, et sans se rendre compte

(1) Dans le Rapport des délégués mécaniciens, on lit page 127 : — A l'Exposition de 1867, cette machine ne fonctionnait qu'avec des blocs de bois, de même forme et de même dimension que deux tablettes réunies et formant ensemble un demi kilog. Sur l'observation que nous en avons faite, il nous a été dit qu'on opérait ainsi, afin d'éviter le transport continuel de la marchandise, depuis l'établissement de M. Devinck à l'Exposition et réciproquement, nous aurions cependant bien désiré la voir fonctionner avec de véritables tablettes. mais le temps et nos occupations ne ne nous l'ont pas permis.

Nota. — Depuis que cette machine est placée à la devanture du magasin, elle attire, comme à l'Exposition, les curieux qui en admirent le fonctionnement automatique, mais comme là, elle continue à envelopper des blocs de bois bien façonnés et non pas la quantité de tablettes de Chocolat annoncée.

Dans l'autre magasin à côté, la machine à vapeur fait mouvoir une machine à cylindres coniques, ce système abandonné par les fabricants pour les raisons indiquées dans le Rapport de M. Faure, sert ici simplement à broyer une petite quantité de cacao qui est ensuite mélangé avec du sucre pulvérisé dans un moulin à deux fortes meules verticales, tandis que les fabricants qui veulent produire beaucoup et bien, réduisent le cacao d'abord en huile dans le mélangeur, y ajoutent successivement le sucre en morceaux pour en faire une pâte grasse et homogène avant de la broyer dans la machine à 3 cylindres en granit, et obtiennent ainsi un Chocolat plus fondant.

si elles peuvent aussi être employées avec avantages par d'autres fabricants.

Voici maintenant les différentes attestations qui vous prouveront combien mon Rapport est resté fidèle à la vérité ; et que la note Ruelle, insérée à tort à la suite, ne pourra pas altérer.

Signé : A. GOSSELIN, Secrétaire-Rapporteur.

« Nous, soussignés, ayant assisté à l'expérience faite par les délégués « des ouvriers chocolatiers, le 17 octobre 1867, à l'Exposition universelle, « des Mélangeurs de MM. Debatiste et Hermann, nous attestons que le « Rapport fait par eux, dont un extrait du procès-verbal nous a été com- « muniqué, est entièrement conforme à la vérité et nous pouvons déclarer « qu'une partie du mélange du sucre avec le cacao, fournie par la Com- « pagnie Française retirée du Mélangeur Hermann, a été passée d'abord « dans la broyeuse de celui-ci et reprise ensuite dans celle de M. Debatiste, « quand au contraire le mélange fait dans le Mélangeur Debatiste, n'étant « pas suffisamment gras, n'a pu être broyé à l'Exposition même et qu'il avait « fallu l'emporter pour l'achever à l'usine, d'après l'aveu fait à M. Armand « Dauplay, contre-maître de M. Devinck, ainsi qu'à nous-mêmes, par les « deux ouvriers chocolatiers de la Compagnie Française, qui utilisait ces « machines pour son compte, pendant la durée de l'Exposition.

« En foi de quoi nous délivrons le présent certificat pour servir à qui « de droit.

Signé : E. MOREUIL, Rue du Temple, 14.

C. SIROT, 87, Faub. St-Antoine.

B. LAMAGNÈRE, Fabricant de Chocolat, 25, boulev. du Temple.

LHERMINIER, Contre-maître chez M. Delaunay, fabricant de Chocolat au Hâvre.

BUELLET, Conducteur mécanicien, de la force motrice de la classe 50.

« Lyon, le 9 septembre 1868.

« MONSIEUR GOSSELIN, A ASNIÈRES,

« Comme on veut supprimer, non-seulement une partie essentielle du « procès-verbal et même votre nom au bas du rapport, que seul vous avez « fait, malgré la promesse faite aux délégués de ne rien changer à leur « travail, en leur en laissant la responsabilité, j'achève en ce moment une « copie de ce procès-verbal des expériences auxquelles j'ai assisté et d'une « notice de mes appréciations que j'ai pu faire sur les machines qui ont « fonctionné sous mes yeux pendant toute la durée de l'Exposition, et je « vous l'enverrai dans quelques jours pour en donner lecture dans une des « réunions publiques des délégations ouvrières, qui voudront sans doute « alors soutenir leur droit contre la pression des patrons et de leur influence

« afin d'obtenir de la commission d'encouragement que votre rapport soit « publié sans restriction aucune. »

« Agréez, Monsieur, mes salutations sincères,

« Signé : BUELLET. »

« Lyon, le 11 octobre 1868.

« MONSIEUR GOSSELIN,

« M'étant trouvé le premier pour avoir monté la machine à vapeur de « M. Duvergier de Lyon, qui devait faire fonctionner les divers appareils « de la classe 50, il m'a été facile de voir installer les machines à fabriquer « le chocolat aussi avec M. Armand Dauplay, contre-maître de M. Devinck, « qui, par sa longue expérience dans cette partie, avons nous fait nos ob- « servations sur la construction de ces diverses machines, démontées et « vues en détail.

« Comme créateur du système en usage des machines à fabriquer le « chocolat, celles de M. Hermann se distinguaient par une étude pratique « du service à rendre, tant par leur bonne et solide construction, que par « leur disposition à rendre le travail facile à l'ouvrier qui doit les conduire.

« Ainsi, en conservant à la broyeuse à 3 cylindres en granit, le réglage « par vis sans fin, l'ouvrier en est toujours maître lorsqu'un corps étranger « se trouve dans la pâte, en desserrant vivement les cylindres, il peut les « maintenir constamment en parallèle.

« Au Mélangeur où l'enveloppe est fixe et que la table intérieure seule « tourne, entrainant avec elle les deux galets placés parallèlement et en « équilibre, se soulevant librement, la force motrice exigée est moindre, « l'arbre vertical à pointe aciérée tourne sur un grain en acier dans une « boîte remplie d'huile.

« Facile à conserver sa chaleur une fois chargé, l'ouvrier n'a à s'en oc- « cuper que pour le vider.

« Aussi lorsque les délégués chocolatiers avaient annoncé vouloir faire « une expérience comparative de ces diverses machines, M. Dauplay, son « ouvrier Auguste et moi, nous étions convaincus d'avance du succès des « machines de M. Hermann.

« En cherchant à imiter ses machines à broyer, M. Bouvin et M. Deba- « tiste ne s'étaient probablement pas rendu bien compte de la précision à « conserver dans la vitesse différentielle des cylindres, car il arrivait trop « fréquemment que les ouvriers devaient enlever les cordons qui se for- « maient sur le cylindre d'avant, provenant d'une trop forte pression, la « machine alors produisait peu et le chocolat retombait en poudre au lieu « de couler en nappes (1).

(1) M. Menier, possesseur de la fabrique de chocolat la plus considérable avec un matériel si important, a été amené naturellement à monter aussi un atelier de mécaniciens pour y faire les réparations et par suite la construction des machines à broyer à 3 cylindres en granit, dont il a été un des premiers à les adopter ; mais il a eu au moins la délicatesse de les faire appeler **Broyeuses Hermann**, dans le compte-rendu de son établissement par M. Turgan, auteur de l'ouvrage sur es grandes usines.

USINE DE NOISIEL

POUR LA FABRICATION SPÉCIALE DU CHOCOLAT MENIER.

« Le Mélangeur de M. Bouvin, d'une construction vicieuse, devant faire « double effet, prenait alors une force motrice extraordinaire, et la courroie « ne pouvait plus se maintenir sur les poulies et il nous mettait bien sou- « vent dans l'embarras par le danger des accidents. M. Bouvin s'est d'ail- « leurs rendu justice en se retirant de la lutte.

« M. Debatiste, en imitant la broyeuse Hermann, a voulu y faire un « changement au réglage, en le faisant par un levier excentrique au lieu de « vis sans fin, le changement n'est pas heureux, car les cordons s'y for- « maient bien plus souvent et un morceau de sucre dans la pâte forçait « l'ouvrier à avoir recours à une clef pour desserrer les cylindres, il en « dérangeait le parallélisme, et en perdait souvent la tête.

« Le Mélangeur de M. Debatiste, construit et modifié d'après la machine « de M. Mélinant de Lyon, a, malgré les services qu'il a pu rendre dans « une grande fabrication, un inconvénient par la position des deux galets « coniques, sur une des parties de la table qui tourne avec l'enveloppe en « fonte, car lorsqu'on y ajoute le sucre et que celui-ci s'engage tant soit « peu sous les galets, dont un côté monte librement dans la coulisse ; mais « dont l'autre côté est retenu par une charnière, l'ouvrier est obligé de « soulever encore ce galet par une courroie, ce qui n'est nullement méca- « nique ; mais il risque de se blesser si il s'approche trop de la couronne « qui peut l'entraîner contre une des colonnes.

« Déjà par la force centrifuge de cette couronne, la vitesse est nécessai- « rement limitée, car autrement les matières sont rejetées au dehors, ce « qui est arrivé assez souvent avec le nombre de tours qu'elle faisait, et elle

« exige aussi plus de force motrice pour mouvoir le tout ; c'est ce que la « courroie qui tombait souvent m'avait suffisamment indiqué ; d'ailleurs « le Mélangeur se chauffait difficilement, le tourniquet avait de la peine à « décoller la pâte de la table, et malgré M. Alexis Ruelle, l'un des délégués « qui avait mis habit bas pour faire marcher mieux ce Mélangeur, ce qui « m'a paru une grande inconvenance, car les ouvriers Alexandre et Thorel « qui avaient fait fonctionner ces machines pour le compte de la Cie Fran- « çaise, pendant toute la durée de l'Exposition, devaient en savoir autant « que lui.

« Agréez, Monsieur, mes salutations sincères,

« Signé : BUELLET.

« Conducteur-Mécanicien de la force motrice
« de la classe 50.

« Pour copie conforme,

« A. GOSSELIN. »

Nos huit collègues, MM. Aubert Jean, Binet Jean-Baptiste, Boullenger Emile, Criès Alfred, Deschamps Casimir, Lerk François, Saunier Pierre, Sircoulon, délégués mécaniciens, plus compétents que nous, ont fait une description de ces machines dans leur rapport, pages 126 et 127, dont voici un extrait :

« Parmi les machines à chocolat, dont la France seule semble s'être « préoccupée, nous remarquons le Mélangeur-Triturateur de M. Hermann, « dont nous n'avons pas à faire la réputation, car quiconque s'est occupé « de la chocolaterie ou du broyage de toutes sortes de matières, sait parfai- « tement que les machines construites par M. Hermann pour ces produc- « tions, n'ont été égalées jusqu'ici par les machines d'aucune autre « maison.

MÉLANGEUR-TRITURATEUR (FIG. 28).
à Table tournante en granit.

« Le Mélangeur de M. Hermann (Voir le dessein), se compose d'un « socle en fonte dans l'intérieur duquel se trouvent les roues d'angle qui « transmettent le mouvement à la table de granit renfermée dans une cu- « vette et surmontée d'une couronne fixe en fonte après laquelle sont fixés « les couteaux racloirs en forme de socs de charrue, qui retournent la pâte « et la font passer sous chacun des galets en granit. Ces deux galets, « munis de raclettes, sont montés sur un arbre transversal retenu par ses « extrémités dans des mortaises qui lui permettent un mouvement oscil- « latoire et vertical ; cette disposition fait que lorsqu'un morceau de sucre « se présente pour passer sous les galets, ce galet se soulève facilement, à « quelque point que se présente ce morceau de sucre, ce qui n'a pas lieu « dans les autres Mélangeurs, comme nous le verrons prochainement ; ces

« galets sont cylindriques et recevant le mouvement de la table de granit, « tournent en sens inverse.

« Cette machine est établie ainsi que toutes les machines construites « dans les ateliers de M. Hermann, avec tous les soins désirables. »

MACHINE A 3 CYLINDRES EN GRANIT (FIG. 3, N° 4).
Pour broyer le Chocolat et autres substances.

« La machine à broyer le chocolat du même constructeur (Voir page « 127), se compose de 3 cylindres en granit fixé sur des axes en fer, placés « sur des paliers ajustés à coulisse dans le bâti et tournant avec des vitesses « différentes ; un mouvement de va et vient, produit de la manière la plus « simple qu'on puisse imaginer, au moyen d'une simple rondelle hélicoïde « engrenant dans une cannelure horizontale pratiquée, dans le support du « palier, est appliquée sur le tourillon du cylindre broyeur animé de la « plus grande vitesse et a pour objet un broyage plus parfait.

[illegible] enlève la pâte de dessus ce rouleau pour la
« laisser tomber dans un bassin [illegible]
[illegible] des deux
« cylindres [illegible] le degré de finesse de
« broyage qu'on veut obtenir. La [illegible] de cette broyeuse est supportée
« par des pièces [illegible] en coulisse [illegible], ce qui permet d'en régler la
« hauteur [illegible] la garantit de l'usure.
« Les [illegible] ont les mêmes avan-
« tages [illegible]

[illegible]

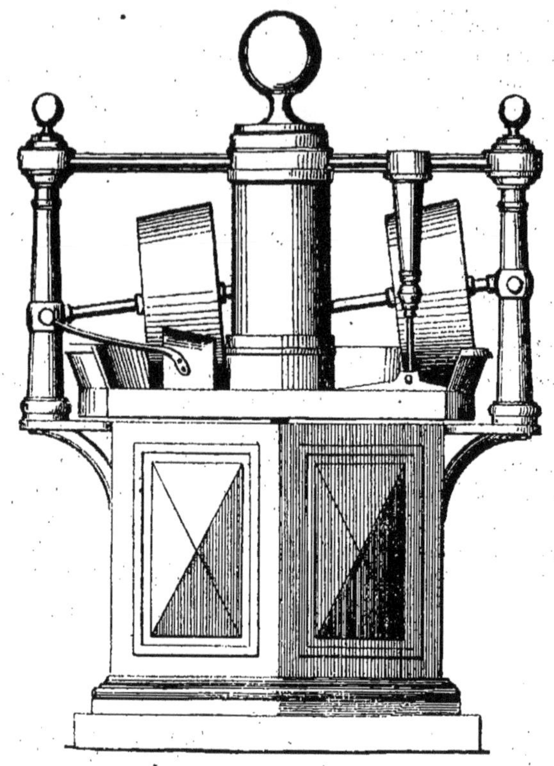

MÉLANGEUR DEBATISTE
A Table en granit, tournant avec sa chemise en fonte.

« Dans cette machine, la table en granit est mobile ainsi que la cou-
« ronne en fonte qui lui sert de chemise. Les galets en granit sont cônes
« et placés de manière que le plus grand diamètre de l'un d'eux correspond
« au plus grand diamètre de la table, ayant le cône tourné du côté du
« centre, l'autre au contraire a son plus grand diamètre au centre de la
« table et son plus petit correspond au plus grand diamètre de la table.
« Comme on le voit déjà, il n'y a que ce dernier qui fasse friction en tour-
« nant sur la table avec des vitesses différentielles, non en rapport avec
« les vitesses des différents points de la table qui sont en contact avec lui,
« tandis qu'avec les galets cylindriques employés dans le système précé-
« dent, tous les deux n'ayant qu'un seul point de leur longueur dont la
« vitesse corresponde à celle de la table, ils sont obligés de faire friction
« tous les deux et dans toute leur longueur. De plus, ceux de M. Debatiste
« tournant sur des axes qui ne sont pas libres, d'un mouvement ascen-
« sionnel que d'un côté seulement, ce qui fait que lorsqu'un morceau de

« sucre un peu gros se présente du côté de l'attache de l'axe du galet, il « ne peut le soulever, attendu qu'il agit sur un levier très-restreint, QU'EN « EXIGEANT UN TRÈS-GRAND EFFORT, et lorsqu'il parvient à passer sous le « gallet, il soulève l'autre extrémité d'autant plus qu'il se trouve lui-même « plus près de l'articulation et la matière passe à ce moment sous le galet « sans être broyée, DE LA UN RETARD DANS LE TRAVAIL. »

« Bailly-le-Bel, 30 janvier 1869.

« MONSIEUR GOSSELIN,

« J'ai l'honneur de vous adresser ci-joint un rapport rédigé d'après une « expérience faite publiquement à l'usine de Bailly-le-Bel, le 13 octobre « 1868, entre les Mélangeurs Debatiste et Hermann.

« Comme ce rapport vient confirmer en tous points votre opération de « l'Exposition, je vous l'adresse pour qu'il vous serve de pièces affirmatives « et que vous lui donniez telle destination que vous croirez nécessaire et « utile.

« Recevez mes sincères salutations,

Signé : A. DURAND.

« Ancien Directeur de l'administration des « chocolats anglais. »

« Bailly, le 13 octobre 1868.

Compte-rendu d'une expérience faite ce jour à l'usine du Chocolat-Perron, située à Bailly-le-Bel, près Clermont (Oise), entre les Mélangeurs Debatiste et Hermann, par les ouvriers de l'usine et A. Durand, directeur.

EMPLACEMENT, POSE ET MARCHE DES MÉLANGEURS.

« L'usine de Bailly possédait depuis plusieurs années deux Mélangeurs « Debatiste, qui seuls ne pouvaient suffire aux besoins de cette Maison, « notamment pour la fabrication des chocolats plus ou moins ordinaires, « c'est ce qui a amené et forcé M. Gieules, successeur de Perron, à faire « poser un troisième outil de ce genre, à cet effet et vu la supériorité de « ceux de M. Hermann, dûment constatée publiquement à l'Exposition de « 1867, il fit acquisition à cet industriel d'un Mélangeur de son système, « de même grandeur que ceux de Debatiste et qui fût monté à côté d'eux, « c'est-à-dire dans les mêmes conditions de placement, de marche et de « mouvement, sur le même arbre de couche et avec des poulies de même « dimension.

« Aucun privilège n'existait donc pas, au contraire, s'il en fût, c'eut « été en faveur de M. Debatiste, attendu que ses outils tournaient depuis « longtemps lors de cette expérience et que celui de M. Hermann venait « d'être posé depuis deux jours seulement, que sa rotation n'était pas encore « parfaitement régulière, mais ne fonctionnait bien que comme outil « neuf.

EXPÉRIENCE.

« Le mouvement et la marche étant en tous points reconnus égaux, « nous avons effectué deux essais sérieux pour bien nous pénétrer du ré- « sultat de cette expérience en laissant nos venues de 30 kilos comme elles « étaient par le passé (1), soit 12 kilos de cacao et 18 de sucre en procédant « comme suit :

« Les deux Mélangeurs Debatiste et Hermann étant préparés et libres « ensemble à 1 h. 20 minutes, nous les avons mis en mouvement au même « moment, en déposant dans chacun d'eux 12 kilos de cacao de la même « sorte et pris au même lieu, à 1 h. 35 m. celui de M. Hermann pouvait « recevoir la 1re partie de sucre (9 kilos), à 1 h. 45 m. la seconde et der- « nière de 9 kilos et enfin la venue était complètement triturée, bien mé- « langée, parfaitement liquide et bonne à broyer à 2 h. 10 m., soit en tout « 50 minutes pour la 1re opération. Tandis que celui de M. Debatiste n'a « pu recevoir la 1re partie de sucre de 9 kilos qu'à 1 h. 53 m., la seconde « partie (9 hilos) à 2 h. 15 m. et elle n'a été terminée, avec un travail égal « et comparable à celui de M. Hermann, qu'à 2 h. 50 m., soit 1 h. 30 m. « pour son exécution, ce qui donnait une différence de 40 minutes en « faveur de celui d'Hermann, pendant lesquelles une seconde venue com- « posée de la même manière que les deux autres, 12 kilos de cacao et 18 de « sucre lui fut soumise et laquelle fut achevée et amenée au même degré « de liquefaction que les précédentes à 3 h. 05 minutes.

« Telle fut l'opération, sans rien omettre ni rien ajouter. »

RÉSUMÉ :

« Il résulte donc de cette expérience :

« Que le Mélangeur Hermann a exécuté *deux venues* de chacune 30 kilos « de 1 h. 20 m. à 3 h. 05 m., soit *60 kilos en 1 h. 45 m.* et le Mélangeur « Debatiste, une seule venue de 30 kilos de 1 h. 20 à 2 h. 50 minutes, *soit « 30 kilos en 1 h. 30 minutes.*

« Qu'en outre le mélange était supérieur, la pâte plus homogène, le « sucre mieux écrasé dans les venues faites par le Mélangeur Hermann « que dans celle faite par le Mélangeur Debatiste, et qu'alors elles ont été » bien plus faciles à broyer et à terminer.

(1) Les grands Mélangeurs Debatiste ne peuvent difficilement recevoir de plus fortes venues, sans qu'ils jettent la pâte au dehors ou que les galets soient soulevés au moyen de courroies ou vis à ce destinées.

« Que nous ne pouvons indiquer ici d'une manière scientifique les causes « qui déterminent et font la supériorité de celui-ci sur celui-là, nos con« naissances techniques en mécanique ne sont pas assez étendues et assez « profondes pour pouvoir faire cette distinction, que cependant nous avons « fait quelques réflexions sur leur ensemble que nous signalerons ici « comme étant dignes d'intérêt.

« Le Mélangeur Hermann, de forme simple et solide, possède en outre « sur celui de Debatiste, des avantages particuliers, soit comme dispo« sition, soit comme mouvement; comme disposition, en ce que sa cuvette « est assez profonde et assez solidement établie pour recevoir des venues « de 60 et 80 kilos à la fois, sans que la pâte ne soit jamais jetée au dehors, « contrairement à ce qui arrive fréquemment à ceux de Debatiste, même « avec des venues de 40 kilos ; comme mouvement, attendu qu'il est mu « par un arbre vertical bi-tournant, ayant un bout d'acier de forte dimen« sion et de forme convexe qui repose et fonctionne dans une crapaudine, « dont le fond est de même forme et quoique beaucoup plus puissant comme « galets, etc., ne nécessite pas plus d'efforts que celui de Debatiste dont « l'arbre est d'une autre forme et repose dans une crapaudine concave ; « que pour preuve, lorsque le Mélangeur Hermann est vidé et débarrassé « de toute matière, un homme peut aussi facilement le mouvoir et le faire « tourner à la main que celui de Debatiste.

« Qu'enfin il réunit toutes les conditions d'un outil parfait et qu'on doit « le considérer comme étant la dernière perfection du jour.

« Les ouvriers :

« *(Signé)* BOCQUET, QUENARD Joseph, BUTTEUX,
« HERTAUT Louis.

« Le Directeur (Signé) A. DURAND.

« Pour copie conforme,

« A. GOSSELIN. »

Pour compléter ces attestations, nous empruntons au 1er numéro du Journal de l'Industrie illustrée, la description plus détaillée des machines et de la fabrication du chocolat en général.

MACHINE A BROYER LE CHOCOLAT.

NOUVEAU SYSTÈME DE MÉLANGEUR.

Il y a trente ans à peine la fabrication du chocolat, exécutée sur une échelle très-restreinte, s'effectuait exclusivement à bras d'hommes; les besoins d'une production plus active, plus grande et plus économique, nécessitèrent l'emploi d'agents mécaniques. Le broyage du cacao et sa transformation en matière semi-butireuse, le broyage-malaxage de la pâte, qui résulte de l'incorporation complète du sucre et du cacao (objet d'une manipulation intermédiaire), s'exécutèrent d'abord sur une pierre concave, au moyen d'un rouleau presseur, à marche alternative, mû mécaniquement, absolument comme cela se pratiquait à bras d'hommes. Bientôt après, on remplaça le mouvement alternatif de translation des rouleaux preseurs par un mouvement de rotation continu; c'était déjà un progrès.

Parmi les constructeurs, MM. Antiq et Hermann s'occupèrent spécialement de la construction de ces appareils, qui ne tardèrent pas à figurer chez les principaux fabricants. Nous citerons en première ligne MM. Menier, Devinck, Marquis et Pelletier (rue de Richelieu).

M. Faure, ingénieur civil, professeur à l'Ecole centrale, dans un rapport très-curieux sur l'historique de la fabrication du chocolat, faisait remarquer que l'ancien appareil broyeur-malaxeur, pouvait à la rigueur accomplir successivement, et dans d'excellentes conditions, au point de vue de la qualité du produit, les trois opérations qui constituent ensemble la fabrication du chocolat (broyage, incorporation du sucre et du cacao, broyage-malaxage de la pâte obtenue); mais la quantité de matière produite chaque jour, restait alors forcément restreinte. En effet, l'appareil à cônes, roulant sur une table circulaire avec sa vitesse normale, telle qu'elle est nécessaire pour le travail des deux autres opérations, avec les fonctions réduites de ces rouleaux, qui se bornaient à presser la matière en l'étalant sur une zône superficielle, sans pénétrer dans la masse, sans la malaxer, sans la pétrir, n'aurait su accomplir rapidement et économiquement le mélange, l'incorporation complète du sucre; aussi, la plupart des fabricants intelligents renoncèrent-ils à demander aux tables à rouleaux coniques ces fonctions multiples. On se servit alors, pour opérer cette incorporation, de mortiers et de pilons, auxquels plus tard on substitua le moulin à meules verticales.

Vers 1839, M. Hermann appliqua au broyage de la pâte de chocolat, en le perfectionnant très-notablement, un appareil composé de *trois cylindres*, jadis employé exclusivement dans la pulvérisation et le broyage des couleurs. Il fut conduit à cette application nouvelle et éminemment heureuse, en remarquant que la lenteur du broyage, dans l'emploi des rouleaux coniques, marchant sur une table circulaire, est pour ainsi dire obligée.

En effet, dès que l'on donne à ces rouleaux un certain poids, ou dès que l'on veut exagérer un peu leur diamètre ou leur vitesse, la pression, devenant trop énergique relativement, le travail est lent, pénible, et la force motrice consommée augmente dans une proportion rapide; l'appareil peut même devenir impropre, en ce sens que les pâtes trop desséchées alors, perdent une partie de leur arôme, et reviennent très-difficilement à l'état de molesse et de liaison voulue pour leur moulage ultérieur. Le succès incontestable et incontesté de l'appareil broyeur, livré par M. Hermann à l'industrie, et composé de trois cylindres parallèles en granit à écartement variable et à vitesse différentielle, engagea, chaque jour de plus en plus ce constructeur dans une étude spéciale de toutes les conditions et manutentions de la chocolaterie, d'où résulta la création d'une série d'appareils appropriés à chacune d'elles, et qui ont été adoptés par tous les fabricants, d'autant plus, qu'à l'avantage de faire beaucoup mieux, ils réunissent celui de produire beaucoup plus et à meilleur marché; en un mot, ces appareils présentent les conditions essentielles de toute bonne et utile invention.

Ce résumé succinct de l'histoire de la fabrication du chocolat, dont nous avons emprunté les principaux passages au rapport de M. Faure, nous donne une idée des services sérieux rendus par M. Hermann à la chocolaterie. Nous pouvons le dire, il est l'un des hommes qui a le plus activement contribué aux progrès réalisés depuis de nombreuses années dans cette importante industrie; ce furent là les fruits de laborieuses études et d'une longue expérience, éclairée par une pratique sage et intelligente.

Nous le savons déjà, le premier il songea à substituer les cylindres de granit aux cylindres de métal, qui donnait un mauvais goût à la pâte. Les résultats ont dépassé ses prévisions ; il est maintenant prouvé que le granit dure plus longtemps, il ne s'oxyde pas et il ripe davantage.

Depuis que M. Faure a rédigé ce rapport, on le conçoit, M. Hermann n'est pas resté inactif: il a fait subir mille perfectionnements à ses ingénieuses machines. Comme types, nous signalerons une broyeuse et un mélangeur.

Notre figure 2 représente la broyeuse; elle se compose de six paliers ajustés dans les coulisses du bâti; trois cylindres en granit, scellés sur des axes en fer, sont consolidés par des rondelles en fer forgé, ajustées à chaud aux deux extrémités. Les axes de ces cylindres, placés dans les paliers, tournent par un système d'engrenages à vitesse différentielle, afin de permettre à la matière à broyer de passer à épaisseur égale sans déborder d'un cylindre à l'autre. Un mouvement de va-et vient est appliqué au cylindre broyeur, marchant à plus grande vitesse, et un couteau ramasseur en enlève la pâte, pour la laisser tomber dans une bassine en tôle étamée, qui se trouve au-dessous.

Un système de réglage par vis sans fin, permet de régler les deux cylindres extérieurs sur celui du milieu, suivant le degré de finesse que l'on veut obtenir.

La seconde machine (*fig.* 28) est un mélangeur beaucoup plus simple et beaucoup plus commode que ceux construits précédemment par le même constructeur. D'un autre côté, de même que la machine ci-dessus décrite, cet appareil prend très peu de place, chose excessivement importante, et même essentielle pour les chocolateries, établies dans les grandes villes.

Ce mélangeur se compose d'un socle en fonte à deux ouvertures, fermées par des portes, par lesquels entrent les cagnards ou chaufferettes remplies de poussier de charbon incandescent, pour chauffer la table en granit; le mouvement par engrenages d'angle se trouve à l'intérieur du socle.

La table en granit, renfermée dans une cuvettte, est animée d'un mouvement de rotation, et la couronne en fonte, formant chemise, reste fixe, ce qui a permis d'y fixer des couteaux racloirs en forme de soc de charrue, qui retournent la pâte à chocolat, pour la faire passer successivement sous chacun des deux galets en granit. Ces galets, munis de raclettes, sont fixés sur un arbre transversal, aux extrémités duquel se trouvent des coulisses, qui permettent de monter et de descendre les galets, suivant l'épaisseur de la couche des matières à triturer : recevant le mouvement de la table, ils tournent sur eux-mêmes en sens inverse.

Cette machine est principalement destinée à faire les mélanges et les triturations dans de fortes fabriques de chocolat; elle est excessivement solide et parfaitement établie, comme le sont d'ailleurs toutes les machines qui sortent des ateliers de ce constructeur consciencieux; elle facilite beaucoup le travail de l'ouvrier, elle ramasse la pâte presque liquide. Comme cette pâte n'a pas été en contact avec le fer, elle conserve toute sa saveur et tout son arôme naturel. Déjà presque broyée lorsqu'elle sort de ce mélangeur, la pâte ne passe que peu de fois par la broyeuse dont nous avons parlé plus haut; là elle est réduite au dernier degré possible de finesse (1).

Voici la manière d'opérer avec ce mélangeur : on jette d'abord le cacao seul; lorsqu'il est arrivé à un degré de broyage presque liquide, on ajoute successivement, par portions, le sucre en grosse poudre, et même en morceaux aussi gros que le poing. Une transformation résulte de l'action des galets sur les matières qui leur sont soumises; là on peut constater tout le mérite du perfectionnement que M. Hermann a apporté à ces machines, et l'ingénieuse application du couteau racloir, qui facilite ces différentes transformations, sans nuire au travail général. Ce mélange, épais d'abord, se liquéfie en quelque sorte, et devient tout à fait homogène, ce qui constitue la bonne et véritable fabrication du chocolat

Nous l'avons dit plus haut, M. Hermann est l'inventeur d'une foule d'appareils spécialement appropriés à la chocolaterie, et qui ont tous été adoptés par les fabricants. L'espace nous manquant, nous nous contenterons simplement de les indiquer aujourd'hui, conservant toutefois l'espoir d'en parler plus tard : 1° le casse-cacao-tarare, qui concasse le cacao et le vanne en même temps; 2° un brûloir évaporisateur pour torréfier le cacao et le café; 3° une machine à vis hélicoïde qui sert à extraire l'air du chocolat, avec découpoir de tablettes ; la pâte sort en boudins et est coupée suivant la quantité de produit destiné à remplir les différents moules; 4° une machine à dresser et à tapoter les tablettes, dite tapoteuse, qui fait prendre à la pâte la forme exacte des moules. Enfin les différents accessoires que comporte la fabrication du chocolat, sous quelque forme qu'elle se présente; des presses à extraire le beurre de cacao, mélangeur à bras, un moulin à deux meules horizontales, un moulin à cônes en granit pour broyer le cacao seul.

Cependant il ne se sert pas de ces deux dernières machines dans sa fabrication des Chocolats de l'Armateur, ayant reconnu que devant leur

(1) Cette même machine peut également pulvériser le sucre et toutes les matières sèches.

imprimer une très-grande vitesse, pour obtenir le cacao très-liquide et en quantité, les meules ou le cône s'échauffent par le frottement, et enlèvent ainsi au cacao tout son arôme, et séparent pour ainsi dire le beurre qui surnage. Ajoutons encore à cette liste une série de machines à broyer les graisses, les olives, les noix de coco; à pulvériser les substances pharmaceutiques; un mortier en biscuit de porcelaine couvert d'une cloche en verre pour pulvériser les poudres vénéneuses, une machine à deux cylindres en granit avec rabot circulaire pour broyer le savon de toilette; une machine à vapeur à condensation et à détente variable, semblable aux deux machines qui fonctionnent dans ses ateliers, etc., etc.

Ch. LEROUX,
Ingénieur-Mécanicien.

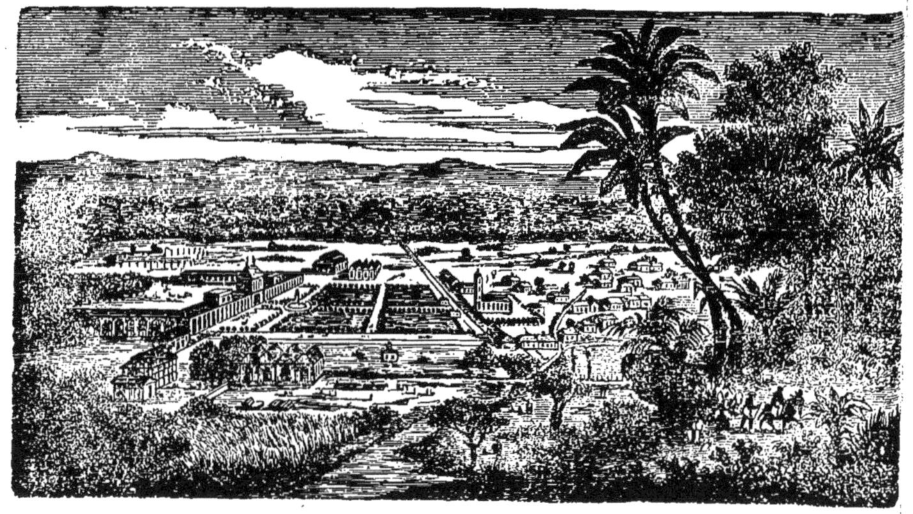

VALLE-MENIER
Plantation de Cacaoyers dans le Nicaragua (Amérique centrale).
Établissement agricole pour la culture spéciale du cacaoyer.

BOTANIQUE APPLIQUÉE A L'INDUSTRIE.

Nous profitons de l'occasion qui se présente aujourd'hui pour insérer un article très-curieux que notre collaborateur, M. E. de la Rosière, a bien voulu nous confier; ce travail complètera l'étude que nous entreprenons sur la fabrication du chocolat.

H. de M.

LE CACAOYER.

Le cacaoyer, cet arbuste qui fournit la précieuse amande de cacao, croît naturellement dans les forêts vierges de l'Amérique tropicale. Ce n'est toutefois que par une culture bien entendue, que ses fruits acquièrent les propriétés requises par le commerce. Il fut d'abord cultivé au Mexique, puis dans les possessions espagnoles, aux Antilles, aux Philippines, à l'Ile de France, à Bourbon ; les espèces les plus remarquables sont le cacaoyer trinidad et le cacaoyer bicolore de la Colombie, découvert par Humboldt et de Bompland.

Le cacaoyer, suivant Linnée, appartient à la dix-septième classe polyadelphie décandrie, il lui donna le nom de Théobroma (nourriture divine) ; de Jussieu le rangea dans la famille des Malvacées et de Candoll dans celle des Bytnériacées. Cet arbuste atteint quelquefois une hauteur de deux mètres, mais rarement ; on voit m... cacaoyers qui n'ont que un ou deux mètres de hauteur. S... er, sa nuance est couleur canelle. Les feuilles s... ètres, et larges de dix ;

elles sont attachées aux branches par de larges pétioles, elles sont alternes, lisses, lancéolées, nerveuses, d'une couleur vert fané. Ses fleurs sont petites et sans odeur, le calice se compose de cinq folioles lancéolées ; et la corolle de cinq pétales dentelées, elle renferme cinq étamines. Ses fleurs s'épanouissent en faisceau sur le tronc et sur les branches ; ces dernières sont incolores et tombent toutes. Les fleurs du tronc et des principaux rameaux sont d'un rouge pâle. Le fruit arrivé à maturité est jaune teinté, il affecte la forme du concombre : sa surface est rugueuse et à côtes. La capsule intérieure, appelée cabosse, est divisée en cinq lobes membraneuses, non persistantes, remplies de 25 à 40 graines ovoïdes, désignées dans le commerce sous le nom de cacao. Les principales variétés de cacao sont : le *Soconusco* du Mexique ; les *Caraques* de Venezuela, de la Guayra et de Porto-Cabello ; le *Maracaïbo* et le *Magdeleine* ; le *Guayaquil* ; les cacaos *Trinidad* : le *Maragnan* et le *Para* du Brésil ; le *Cayenne* de la Guyane ; et enfin, le *cacao des îles*, provenant d'Haïti, de la Guadeloupe, de la Jamaïque, de la Martinique, de Sainte-Lucie, de Bourbon, qui constitue la dernière classe de cacao. L'analyse chimique, effectuée par M. Payen, a prouvé que cette amande se compose, pour 100 parties de 52 parties de substance grasse (beurre de cacao) 20 parties albumine, fibrine et autres matières azotées ; 2 parties caféine, 10 parties amidon, 2 parties cellulose, 4 parties substance minérale, 10 parties eau hygroscopique, et des traces d'une matière colorante et d'une essence aromatique.

Cueillette du cacao au Valle-Menier.
(D'APRÈS UNE PHOTOGRAPHIE).

Outre les récoltes journalières, on fait deux récoltes principales, celle de Noël et celle de la Saint-Jean; les cabosses recueillies sont entassées pendant 2 et 3 jours dans des hangars; au bout de ce délai on brise leur écorce, on retire les amandes, on les dépose dans un magasin nommé dégorgeoir, où elle se débarrassent de la substance visqueuse qui les entoure. Quand elles sont séchées de nouveau, on les emmagasine, ou on les enterre, pour les faire fermenter ou *ressuer*, comme disent les colons. Quand le ressuage est terminé, ce que l'on reconnaît à la couleur plus foncée de l'amande; on recommence le séchage; ces opérations terminées, on livre le cacao au commerce.

Séchage du cacao au Valle-Menter,
(D'APRÈS UNE PHOTOGRAPHIE).

En France où cette industrie a pris un développement si considérable, on emploie généralement dans la fabrication du chocolat le cacao Para (ou Maragnan), dont les fèves sont allongées et aplaties, arrondies vers l'extrémité où se trouve le germe, recouvertes d'une pellicule un peu adhérente, grises, rougeâtres ou d'un gris mêlé de noir, chair d'un brun clair et parfois ardoisé, saveur douce.

Il nous vient d'Angleterre du cacao Grenade ressemblant beaucoup au Para, mais pellicule plus rouge et fève moins douce.

Cacao Trinidad.

Les fèves de cette espèce de même forme que celles de Caraque, sont généralement plus aplaties, la pellicule qui les recouvre est chargée quelquefois de terre grise ou rougeâtre dans laquelle il se trouve. La chair qui a peu de saveur est ordinairement noirâtre ou d'une nuance violacée, quelquefois elle est rouge et la qualité en est très-bonne, et à celle-là on donne la préférence pour la marier avec le Cacao-Para.

Cacao Guayaquil.

Fèves larges et plates presque toutes arrondies aux deux extrémités, mais plus minces vers celle où se trouve le germe, pellicule grise, chair noirâtre, saveur fade, quelquefois aussi rouge et bon et beaucoup employé.

Cacao Martinique.

Fèves légèrement concaves, de formes variées, en général aplaties, plus larges du côté du germe, pellicules d'un rouge vif, chair violette ardoisée ou olivâtre, goût de verdeur ou de lie de vin.

Cacao de Bahia.

Ce cacao offre quelques formes arrondies, mais il est généralement plat et irrégulier comme celui des Antilles, la pellicule est veinée, lisse et d'un rouge terne, la chair d'un rouge ardoisé, goût âpre.

Cacao de Haïti ou de St-Domingue.

Fèves assez régulières ressemblant par la forme de celles de Maragnan, pellicules légèrement terreuses et quelquefois noires, peu de saveur.

Généralement mal soignées et accompagnées de petites pierres et de beaucoup de poussière.

Pour les qualités superfines de chocolat, tout en y mêlant du cacao Para, on emploie du

Cacao de Caraque (CARACAS.)

Fèves bien nourries, d'une surface inégale, d'un ovale régulier ou figurant un triangle allongé dont les angles sont arrondis; pellicule épaisse chargée d'une terre adhérente et micacée, chair d'un brun rougeâtre exhalant quelquefois une légère odeur de musc, saveur très-agréable.

Cacao de Puerto-Cabello et Cacao de Maracaïbo,

Fèves à peu près semblables à celles du Caraque, mais plus grosses et moins chargées de terre, pellicule grise, brune, mince et peu adhérente, chair d'un brun rougeâtre, saveur douce. Dans les qualités moins fines, on fait aussi usage des cacaos des terres fortes, petits caraques de Guiria ou de Carupano, qui ont un goût moins délicat et une chair plus violacée.

(Nous ne parlerons pas du cacao Cubano, qui vient de la Havane, petite fève ronde friable, goût assez fin mais sans saveur.

Également le cacao Hollandais Surinam, petite fève rouge et ronde friable, goût fade et sans saveur.)

Je dois à l'obligeance de MM. Delvaille et Attias, négociants et détententeurs de toutes les sortes de cacaos, les échantillons et description de ceux indiqués ci-dessus dont l'emploi est le plus usuel dans la fabrication du chocolat.

Le chocolat, dans sa fabrication naturelle, ne doit être composé que de cacao et de sucre, quant aux arômes, ils varient à l'infini sans pouvoir jamais être nuisibles ; mais souvent on livre aux consommateurs, sous le titre de chocolat de santé, un affreux alliage composé de quelques fèves de cacao seulement, de produits huileux, et de graisse de toutes sortes, pour imiter le beurre de cette fève, de farines de plus ou moins bonnes qualités pour en former une pâte, enfin de rouge de Prusse ou de toute autre couleur qui imite celle qui donne naturellement le cacao.

Pour prouver ce que nous avançons, nous citerons, en terminant, ce que M. Chevalier a écrit à ce sujet :

« Le chocolat, dit M. Chevalier dans le dictionnaire des altérations et falsifications des substances alimentaires, a été l'objet de nombreuses falsifications, par les farines de blé, de riz, de lentilles, de pois, de fèves, de maïs, par l'amidon ou la fécule de pommes de terre, par l'huile d'olives, d'amandes douces, les jaunes d'œufs, le suif de veau ou de mouton, le storax calamite, le baume du Pérou, le baume de Tolu, les enveloppes de cacaos séchées, la dextrine, etc. »

Nous empruntons au même ouvrage les extraits suivants :

« Le chocolat a été l'objet d'une falsification plus grande ; on y a introduit du cinabre ou sulfure rouge de mercure, seul ou mélangé d'oxyde rouge de minium ou de terres ocracées. Cette addition frauduleuse faite dans le but d'augmenter le poids et de simuler la couleur des chocolats véritables, a occasionné des accidents fâcheux.

« M. Stanislas Martin a examiné des chocolats qui étaient formés de substances tout à fait incompatibles avec nos organes digestifs, parmi lesquels se trouvait de la sciure de bois ou la partie corticale du cacao ; d'autres chocolats moins insalubres étaient mélangés avec moitié de leur poids de fécule, d'amidon, de riz torréfié et de graisse de veau. »

On peut également consulter les annales de chimie, tome XLV, page 1365, où l'illustre Parmentier signale précisément des falsifications analogues, qu'il réprouve hautement.

Nous devons donc avertir les amateurs de Chocolat que ce ne sont pas ceux qui épaississent vite et arrivent à l'état de bouillie à la cuisson, qui sont les meilleurs, car ne devant être composés que de sucre et de cacao, ils doivent rester plutôt à l'état de crême ; aussi pour faire une bonne tasse de chocolat, une tablette de douze au demi kilogramme suffit, après l'avoir encore cassée on la délaye dans de l'eau juste assez pour la couvrir en la remuant dans le vase placé sur le feu, jusqu'à ce que le tout soit parfaitement dissous, puis on ajoute selon le goût du consommateur, une autre quantité d'eau ou de lait voulue pour le laisser bouillir pendant quinze minutes et de le remettre sur le fourneau à côté du feu vif, ou sur des cendres chaudes pendant dix autres minutes.

L'usage en France est de vendre les tablettes de Chocolat enveloppées d'une feuille d'étain avec une couverture en papier portant la marque de fabrique et le prix de vente de toute maison qui se respecte, au poids exact de chocolat de 250 et 125 grammes, en croquettes de 12, 16, 32, et en batons de 12, 16, 32 au 1/2 kilog.

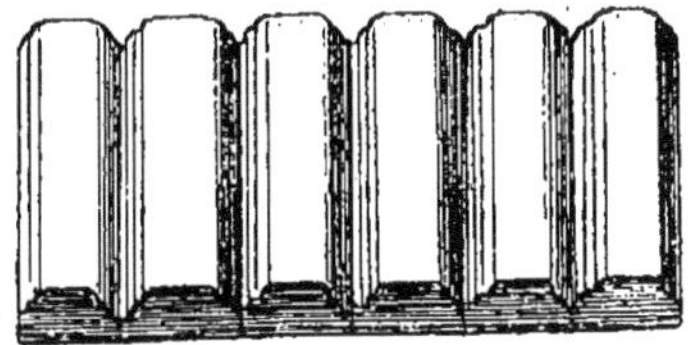

Tablette Française.

En Espagne, c'est à la livre du pays.

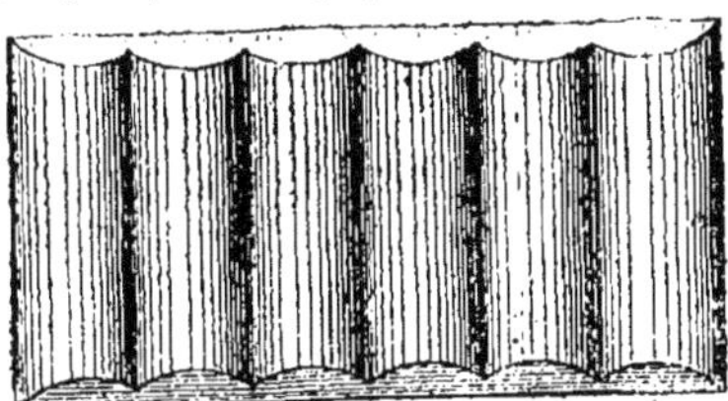

Tablette Espagnole.

Dans beaucoup d'autres contrées et surtout dans l'Allemagne du Nord, ce sont de petites tablettes minces réunies en un paquet pour former une livre. Cependant tous les fabricants y font des efforts pour faire adopter les tablettes de 1/2 et quart de livre plus commodes et plus élégantes sous tous les rapports pour leur travail et la vente.

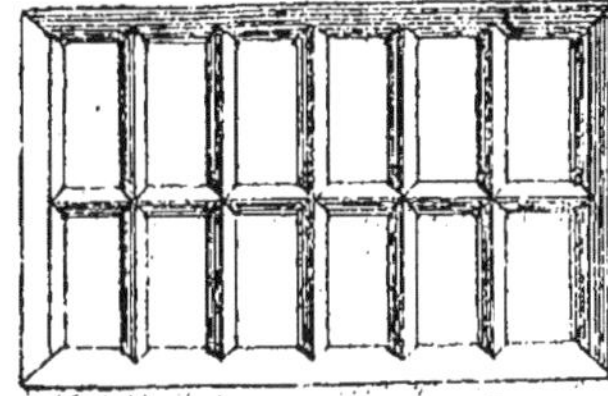

Tablette Allemande.

Made ve Létang fils, rue du Temple, 83, successeur de la plus ancienne maison Létang père et fils, et Marie Létang et fils, rue Montmorency, 44, sont les deux fabricants les mieux outillés pour faire les moules de tous genres

La majeure partie des machines se trouvant déjà représentées par des dessins, nous ne croyons pouvoir mieux faire que de prendre le tarif de M. Hermann qui est en définitif l'auteur de ces différents systèmes que d'autres ont plus ou moins bien copiés pour indiquer les machines nécessaires à la fabrication du chocolat, depuis les plus petites jusqu'aux plus grandes.

1° En commençant par une petite fabrique de chocolat pour en faire 20 kilos par jour et par homme, on emploie avec avantage les appareils suivants :

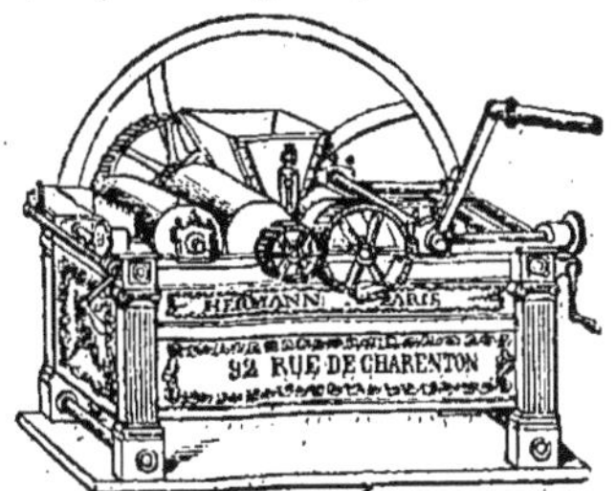

Machine à broyer le chocolat à bras d'hommes.

Fig. 11. Un bruloir évaporisateur. — Fig. 8. Un casse-cacao tarare.

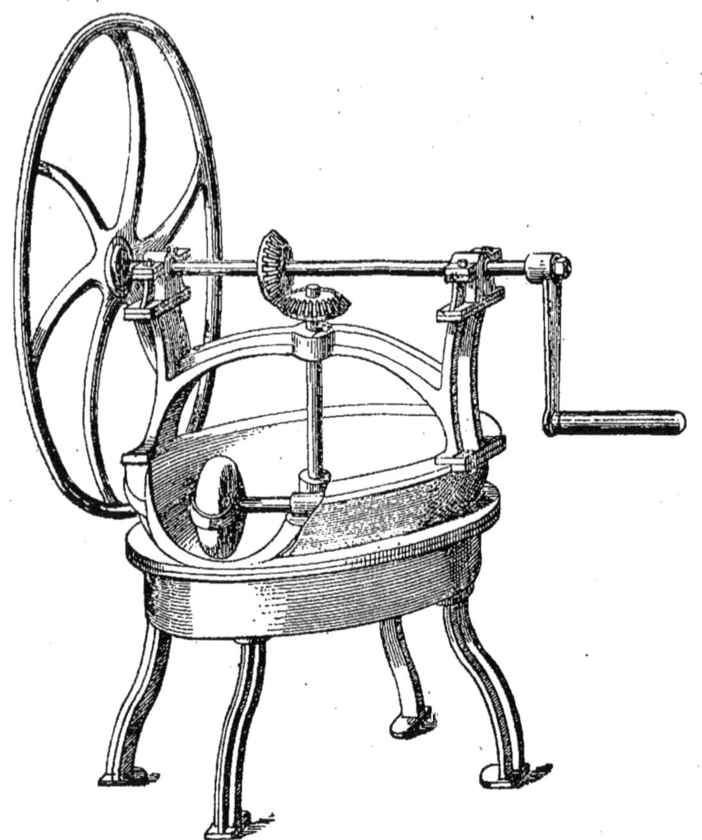

Mélangeur mu à bras d'hommes.

Fig. 6, numéro 1. Mélangeur. — Fig. 1. numéro 2. Une Broyeuse. — Fig. 35. Une Pierre à dresser. Une Table à dresser en chêne. — Fig. 16. Une petite Presse à faire le beurre de cacao. — Fig. 39. Un Grillage pour la Broyeuse. — Fig. 40. Une Coquille ou Main. — Fig. 42. 3 Cagnards pour chauffer avec du poussier de charbon de bois. — Fig. 45. 2 Bassines en tôle étamée. — Fig 46. 3 Cribles. — Fig. 48. 2 Couteaux spatules.

2° Pour faire 30 à 40 kilos de chocolat par jour avec deux hommes.

On emploie les mêmes appareils que ci-dessus et aux volants du Mélangeur et de la Broyeuse, il y aura des contre-manivelles.

3° Pour faire 60 à 70 kilos de chocolat par jour par une force motrice d'un cheval.

« Ce sont encore les mêmes machines que ci-dessus, sauf le Mélangeur

« numéro 2 avec deux poulies, et l'on peut remplacer la planchette à « dresser par une Tapoteuse fig. 4. »

4° Pour faire 125 à 150 kilos de chocolat par jour avec une force motrice de 2 1/2 à 3 chevaux.

Fig. 11. Torréfacteur.

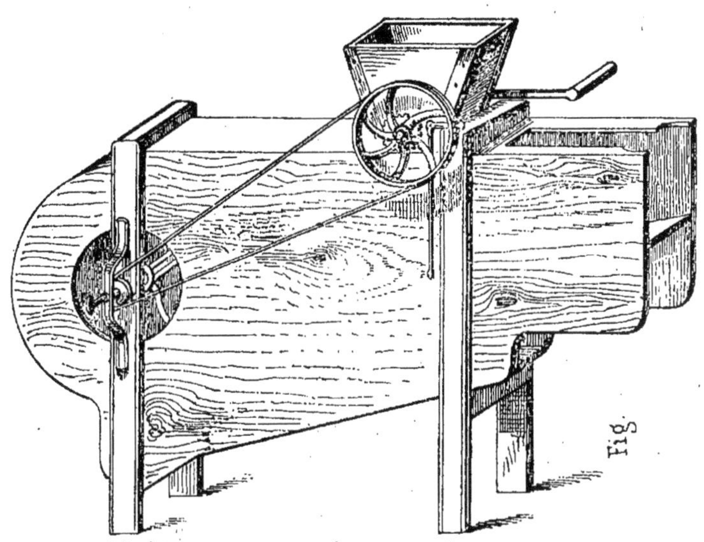

Machine à concasser le cacao et le vanner en même temps, dite Casse cacao Tarare.

Fig. 8. Casse-cacao tarare. — Fig. 5, numéro 4. Mélangeur (remplacé souvent par celui fig. 28 à table tournante de 0m 90 c.). — Fig. 2, numéro 3. Broyeuse. — Fig. 3 (bis), Boudineuse. — Fig. 4. Tapoteuse. — Fig. 16. Presse à faire le beurre de cacao.

COMME ACCESSOIRES.

Fig. 39. Un Grillage numéro 3. — Fig. 40. Coquille ou Main. — Fig. 41. Une Pelle pour fig 28. — Fig. 42. 3 Cagnards. — Fig. 43. 2 Chaufferettes pour fig. 28. — Fig. 44. Quatre Bassines en tôle étamée. — Fig. 46. 3 Cribles. — Fig. 48. 2 Couteaux spatules.

5° Pour faire 225 à 250 kilos de chocolat par jour, avec une force motrice de 4 à 6 chevaux.

Fig. 11. Un Torréfacteur. — Fig. 8. Un Casse-cacao tarare. — Fig. 28. Un Mélangeur de 1m 20 c. — Fig. 2, numéro 4. Broyeuse à 3 cylindres en granit de 0m 28 c. sur 0m 56.

Machine à [illegible] (Fig. 3).

Fig. 3. Une [illegible] — Fig. [illegible] — Fig. 16. Une Presse à faire [illegible] beurre de cacao. — Fig. 21. Un Mélangeur à un galet en granit pou[illegible] la pâte. — Fig. [illegible] à dresser.

[illegible]

[illegible] — Fig. 41. Une Pelle. Fig. 12. 3 Cagnes [illegible] — Fig. [illegible] 3 Câbles. — Fig. 48. Qu[illegible]

[illegible] force motrice [illegible]

Fig. 11. Un Torréfacteur. — Fig. [illegible] Un Casse-cacao trieur. — Fig. 28. Un Mélangeur [illegible] — Fig. [illegible] numéro 4 (bis), une Broyeuse à 3 cylindres [illegible] de 0m 20 c. sur 0m 50 c. — Fig. [illegible] Une [illegible]

Machine à dresser les tablettes de chocolat, dite Tapoteuse. (Fig. 4).

Fig. 4. Une Tapoteuse. — Fig. 16. Une Presse à faire le beurre de cacao.

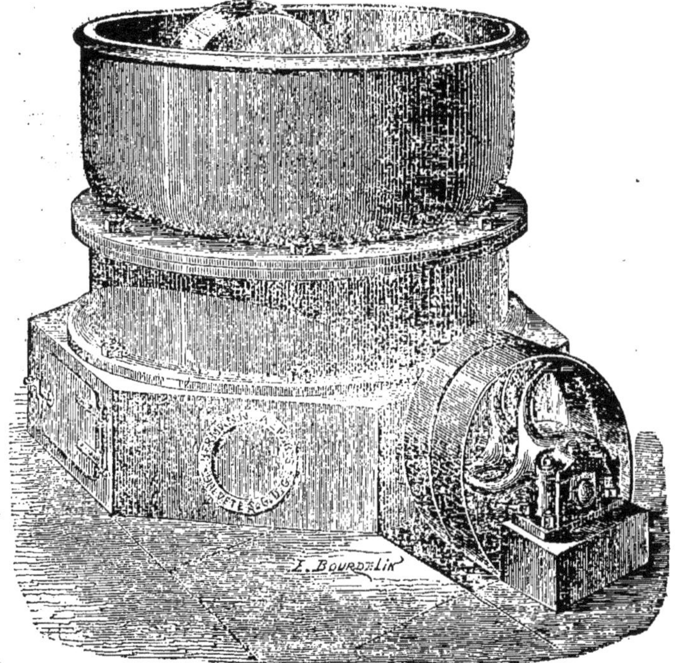

Machine à 1 galet en granit pour faire revenir ou ramollir les pâtes de chocolat, à pulvériser le sucre, la canelle, etc. (Fig. 21).

Fig. 21. Un Mélangeur pour amollir la pâte. — Fig. 35. Une Pierre à dresser.

COMME ACCESSOIRES.

Fig. 39. Un Grillage numéro 4. — Fig. 41. Une Pelle. — Fig. 42. 3 Cagnards. — Fig. 44. Quatre Bassines. — Fig. 46. 3 Cribles. — Fig. 48. Quatre Couteaux spatules.

Si l'on veut augmenter la fabrication de chocolat, il n'y a plus qu'à ajouter des Mélangeurs et des Broyeuses et les accessoires en rapport.

Pour obtenir de bons résultats avec les appareils ci-dessus, la première opération consiste à dépouiller le cacao de toute poussière, marrons et autres corps étrangers par un tamisage à la main ou dans une grande fabrication par un Cribleur mécanique, fig. 37 ; ce cacao nettoyé est mis dans une broche ou tambour fig. 11, rempli aux deux tiers pour le torréfier, et pour reconnaître si cette torréfaction qui dépend de l'intensité du feu et de la qualité du cacao est arrivée à point, l'ouvrier s'assuré en ouvrant la porte du tambour si le cacao se tord et il le vide en l'étalant à une épaisseur d'environ 10 centimètres de couche pour les laisser s'achever.

Un ouvrier habitué à ce travail se guide simplement d'après sa montre avec le torréfacteur fig. 11, auquel l'axe traversant le tambour, il y a de petits trous percés pour laisser échapper la vapeur dans la cheminée, l'ouvrier n'a plus besoin d'ouvrir si souvent la porte du tambour et le retirer du feu.

Une fois le cacao suffisamment refroidi, on le passe dans le Casse-caçao tarare fig. 8, ayant soin de ne pas trop serrer la plaque contre le cylindre cannelé ou à pointes, à cause de l'inégalité des fèves pour ne pas faire trop de menus, mais de cribler plutôt deux fois pour conserver de gros grains.

Les germes étant completement séparés ainsi que les menues criblures, on les emploie pour les chocolats communs.

Le cacao est trié en séparant les fèves blanches ou autres corps étrangers, on en fait des doses en le mariant avec d'autres sortes de cacao et suivant la qualité de chocolat que l'on veut faire, on verse le tout à la fois dans le Mélangeur suivant sa grandeur.

Fig. 6, numéro 1.	— Kilos,	8 à 10	Peuvent recevoir ces quantités, y compris le sucre.
« 6, numéro 2.	— «	12 à 14	
« 5, numéro 4.	— «	20 à 25	
« 28, de 0^m 90 c.	— «	26	
« « de 1^m 20 c.	— «	50	
« « de 1^m 40 c.	— «	60 à 80	

Dans ces Mélangeurs, convenablement chauffés, le cacao est pulvérisé d'abord, liquéfié ensuite et c'est seulement lorsqu'il est devenu liquide que le sucre sec est successivement ajouté au fur et à mesure que la pâte précédente est devenue grasse et lorsque le mélange du sucre avec le cacao est arrivé à un degré d'homogénité et gras, on arrête le Mélangeur fig. 5 et 6 et on le vide avec une Coquille ou Main, tandis qu'on laisse marcher le Mélangeur fig. 28, que l'on vide avec une Pelle fig. 41.

Cette pâte grasse est ensuite mise dans la trémie de la Broyeuse pour la dégrossir une première fois, ayant soin que les cylindres intérieurs sous la trémie soient plus serrés que celui du côté du couteau, la seconde fois, tous les cylindres sont plus rapprochés en tournant la petite manivelle de la vis sans fin vers l'intérieur; mais toujours de manière à ce que la pointe de la planche à coulisse dans l'intérieur de la trémie lisse les extrémités des cylindres, c'est-à-dire que la marchandise ne débordo pas; on la broie ainsi une troisième et même une quatrième fois si la pâte doit être tout à fait impalpable.

Dès que la machine est mal réglée, le chocolat dépasse les pointes de la trémie et il faut alors desserrer l'un ou l'autre des deux cylindres extérieurs, celui du milieu étant fixe, ou tous les deux à la fois, jusqu'à ce que les extrémités des cylindres apparaissent lisses.

Pour éviter l'évaporisation du parfum de la vanille, elle est coupée en petits morceaux et on la mêle seulement à la pâte de chocolat en la versant dans la trémie de la Broyeuse qui la rend également impalpable.

En sortant de celle ci, elle se trouve divisée et on la tasse dans la bassine qu'il faut laisser séjourner une nuit dans l'étuve, et si elle doit être employée de suite, on la fait revenir dans le mélangeur à un galet en granit, fig. 21.

En sortant de ce mélangeur, la pâte est encore manipulée sur une table en pierre légèrement chauffée et mise ensuite dans la boudineuse pour la mouler, une balance s'y trouve au bout de la sortie du boudin qui est coupé et pesé suivant le poids demandé.

Avec le guide qui se trouve après les petits rouleaux, il est rare qu'un ouvrier habile ne coupe pas le boudin juste.

A coté de la machine à mouler et à extraire l'air du chocolat, se trouve une table couverte d'une toile sur laquelle sont placés les boudins.

Le dresseur, après avoir séché les moules qu'il régularise sur la tapoteuse, dérange un levier pour imprimer à celle ci un mouvement saccadé qui étale la pâte et prend la forme des moules, et par une dernière et légère pression avec le bras nu, il se produit également un lustre sur le revers de de la pâte.

Un refroidissoir sec et bien aéré est nécessaire pour conserver aux tablettes de chocolat le brillant et une cassure nette.

Après le démoulage, le chocolat passe à l'atelier des femmes pour le plier et l'empaqueter. Dans plusieurs contrées, il se fait beaucoup de cacao broyé sans sucre et comme le moulin à meules horizontales, et celui à cônes qu'il faut trop serrer pour avoir un produit fin, ce qui l'échauffe et enlève l'arôme du cacao, on se sert du mélangeur fig. 28, dans lequel le cacao est rendu suffisamment liquide pour qu'après l'avoir passé deux fois dans la broyeuse, il est devenu complètement impalpable, sans aucune altération de sa qualité.

Composition des Chocolats.

Elles se font comme pour le café et le thé en mariant une ou plusieurs sortes de cacao les unes avec les autres, en établissant les prix de revient d'après la vente et selon le goût du public; ainsi par exemple, une qualité très-fine peut se doser avec :

Un quart de cacao Puerto-Cabello, un quart de Para (Maragnan), et la moitié de sucre blanc raffiné, le tout plus ou moins vanillé ou pas du tout.

Pour un N° 2, on peut prendre :

Un quart de petit Caraque, un quart de Para et moitié de sucre raffiné, ou aussi 4 kilos petit Caraque, 5 kilos Para, 3 kilos Trinidad, 6 kilos sucre blanc, 6 kilos beau Havane.

Pour un N° 3, un quart de Para, un quart de Trinidad ou de Carupano, et moitié sucre blanc.

Pour un N° 4, 7 kilos Para, 6 kilos Trinidad, 2 kilos Guayaquil, et 18 kilos sucre, dont moitié sucre blanc et l'autre moitié en beau Martinique ou Havane.

Pour un N° 5, 6 kilos Para, 3 kilos Trinidad, 6 kilos Bahia, Guayaquil ou Martinique et 20 kilos sucre des colonies

Pour un N° 6, 4 kilos Para, 2 kilos Trinidad, 9 kilos Bahia et 22 kilos sucre brut des Colonies.

Si l'on veut faire des qualités plus inférieures et pour se conformer au prix de la vente et au goût du public, suivant la contrée, on choisit les cacaos en conséquence, en y ajoutant la quantité de sucre qu'ils pourront supporter et en pemettre le moulage

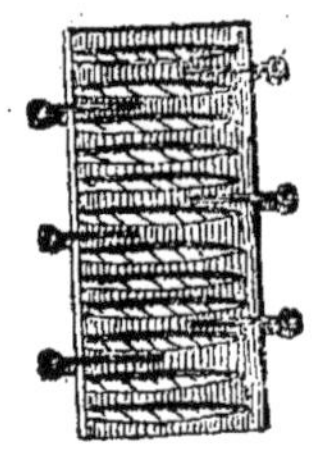

Moules à Cigares.

Les criblures, germes et grabeaux sont généralement employés pour les sortes tout-à-fait communes, en y ajoutant de la farine de blé ou la fécule et des sucres ordinaires, de la canelle ou autres parfums, mais je ne conseillerais jamais d'y introduire des matières étrangères et nuisibles à la santé.

Chocolat au fer réduit (Miquelard et Quevenne).

Fer réduit.	0 k.	25 gr.
Chocolat fin	»	500 »

M. S. A. Cette proportion a été calculée pour qu'une portion de tablettes de 0 k. 40 gr. qui est la quantité que l'on consomme ordinairement pour une tasse de chocolat renferme 20 centigrammes de fer réduit.

Ce chocolat est plus actif que celui préparé au safran de mars, mais comme celui au proto-carbonate de fer, il offre le désagrément de prendre une teinte noirâtre lorsqu'on le fait bouillir avec du lait.

Beurre de Cacao.

L'huile ou beurre de cacao est concret, d'un blanc tirant sur le jaune, d'une odeur particulière, d'une saveur douce et agréable, il lie ensemble les divers principes de cacao et leur donne ce moelleux si recherché des gourmets; on connaît plusieurs modes d'extraction, nous allons désigner les deux seuls dont on se sert dans la chocolaterie.

1er mode par l'ébullition.

Cacao Maragnan broyé . . . . 10 kil.
Eau . . . . 30 »

Mettre le cacao bien broyé dans une grande bassine avec l'eau, faire bouillir doucement, si le bouillon prend trop fort, ajouter un peu d'eau froide pour faire monter le beurre à la surface, puis avec une cuillère enlever le beurre que l'on met dans un vase vernissé à l'étuve, le clarifier en le passant au filtre papier, dans une étuve, puis le couler dans des moules, quand en refroidissant il a atteint la consistance de beurre fondu.

Le bon cacao Maragnan produit à peu près 30 p. 0/0 par ce procédé. La pulpe ne peut pas servir.

2me Procédé par la Presse.

Soit que l'on veuille faire peu de beurre à la fois et que l'on possède seule-une petite broyeuse, le cacao doit y être broyé fin.

Soit que l'on ait besoin d'une grande quantité, on opère comme il est dit plus haut, en rendant le cacao liquide dans le mélangeur - Triturateur à table tournante, pour ensuite le passer deux fois dans la broyeuse et obtenir la finesse voulue.

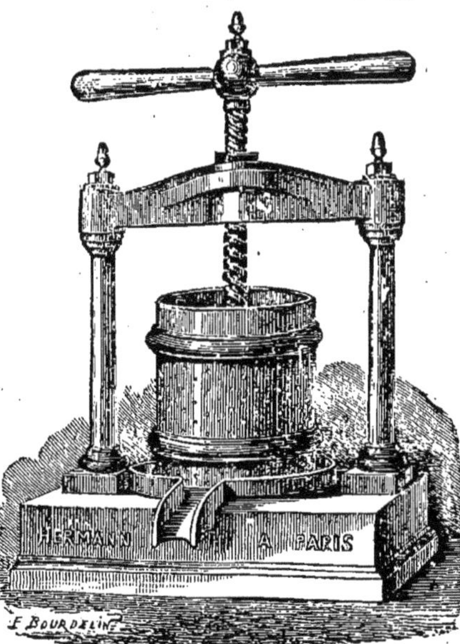

PRESSE
A faire le beurre de cacao.

Pour obtenir un beau beurre on emplit un sac en treillis de cacao broyé mis dans le cylindre percé de petits trous de la presse que l'on aura eu soin de chauffer par un cagnard fig. 42, de poussier de charbon incandescent, à moins que la presse ne soit placée dans une étuve, on place une bassine en dessous de sa gouttière pour recevoir le beurre qui sort en s'écoulant naturellement par suite d'un serrage graduel de la vis, car une pression trop forte ferait également sortir le cacao et crever le sac.

Le marc provenant de ce mode d'extraction du beurre est passé à la broyeuse à 3 cylindres non chauffée, ou est pilé dans un mortier pour être réduit en poudre ou tamisé. C'est ce qu'on vend comme poudre de cacao, ou bien être mis par partie dans les chocolats communs.

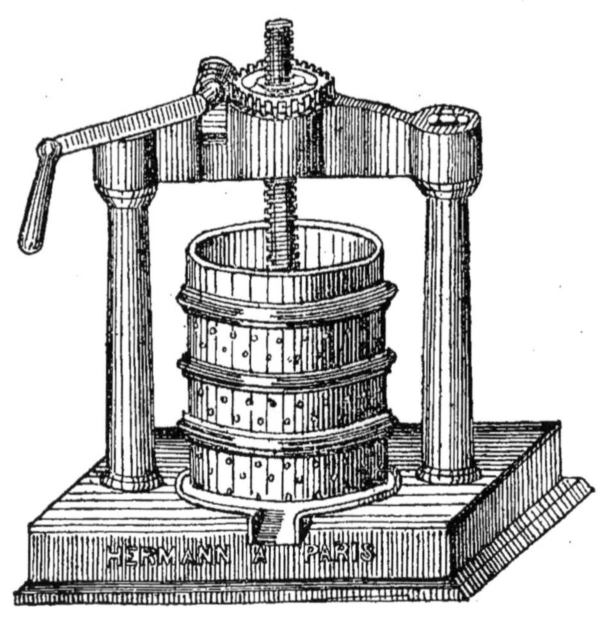

Grande Presse de Beurre de Cacao

AVEC VIS SANS FIN ET MANIVELLE.

Pour faire la pastille, il faut une pâte liante et molle, étuver le coffre, le remplir de pâte, le coulisser sous la cage, abaisser le piston qu'il porte sur la pâte au moyen du genou, vous levez la tige qui fait abaisser la contre plaque, vous coulissez alors la feuille de fer blanc unie qui doit recevoir les pastilles ou celle estampée qui reçoit les amandes, dragées, vous abaissez le genou et la contre-plaque remonte sous le coffre à la hauteur voulue, alors vous pressez deux coups avec le volant qui, au moyen, d'une vis à trois filets fait presser le piston sur la pâte qui, passant à travers la plaque percée et fraisée qui se trouve au fond du coffre, rend la pâte non pastilles divisées sur la feuille en fer blanc coulissée dans la contre-partie, alors avec le genou, on relève encore la tige et on retire la plaque de pastilles ou d'amandes que l'on glace ensuite au moyen du bras nu.

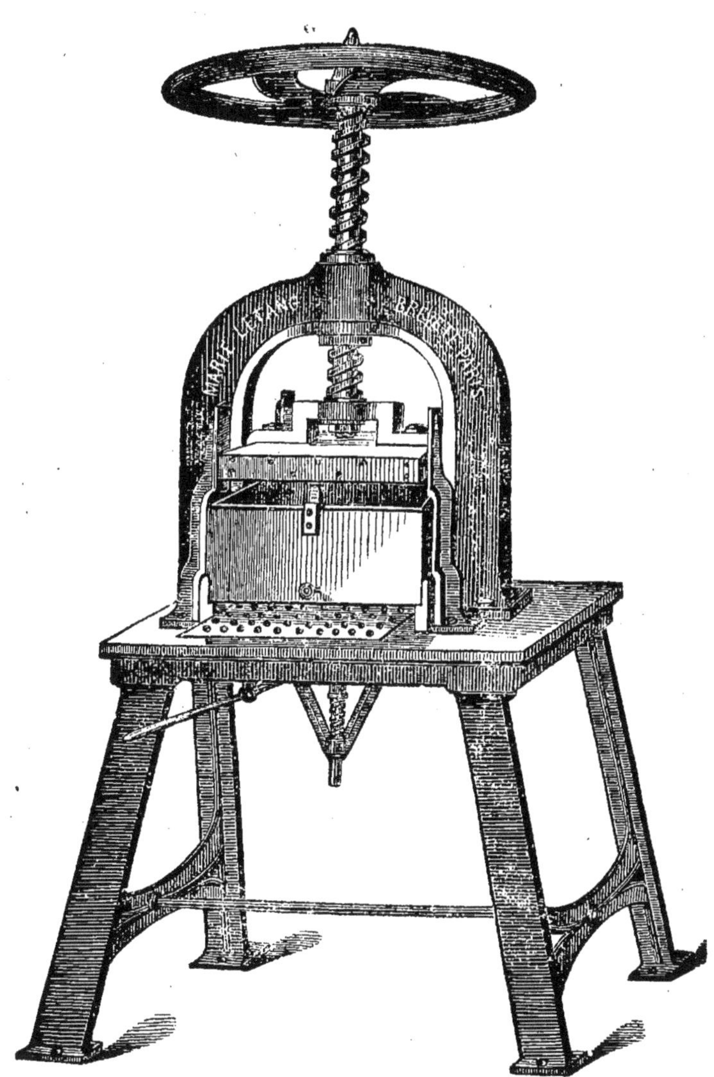

Presse à Pastilles.

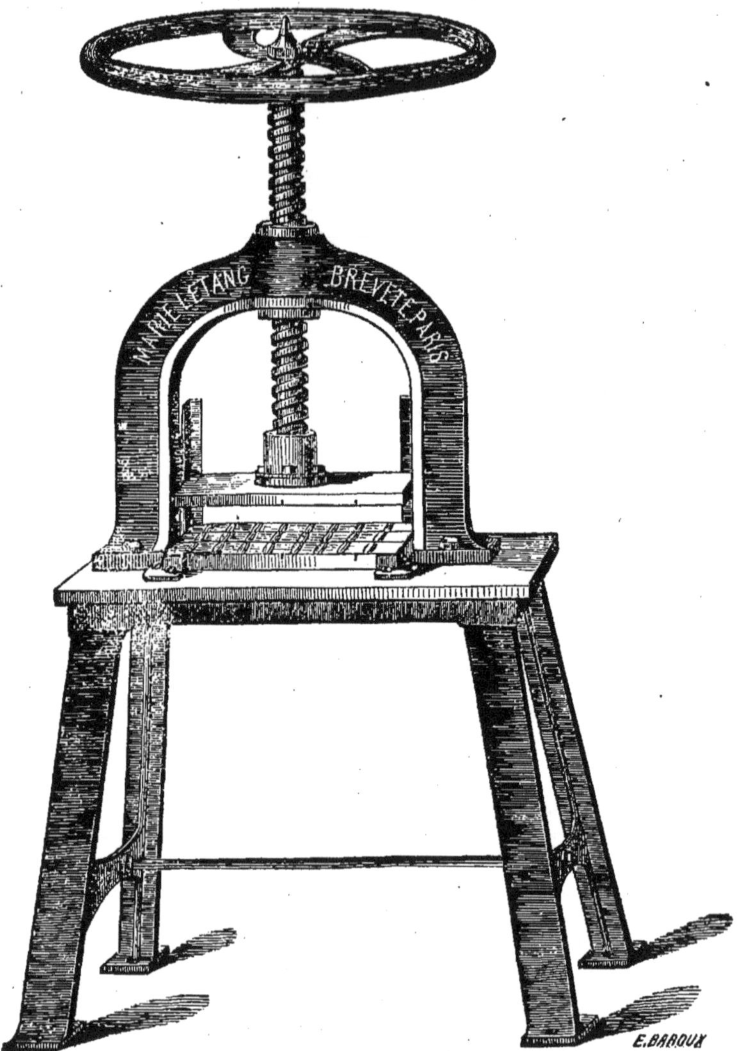

Presse à bâtons, cigares et bonbons.

Cette presse, construite d'après le même système que la précédente, est destinée à mouler les olives, pistaches, amandes, duchesses, bâtons ronds et ovales, œufs de Pâques, cigares et cigarettes, étendre sa pâte sur le moule qui se trouve placé dans la contre-partie, presser légèrement deux à trois coups et avec la main retirer ce qui s'échappe du moule.

A la Presse à pastilles, il faut avoir soin, lorsqu'on a pressé deux coups, de lâcher le volant en détournant un peu à droite pour éviter une pression continue.

Beaucoup de fabricants donnent encore la préférence à la Pastilleuse ancienne pour laquelle la pâte peut être employée plus ferme et moins chaude, et par conséquent moins sujette à blanchir vite la pastille.

Pastilles de Chocolat.

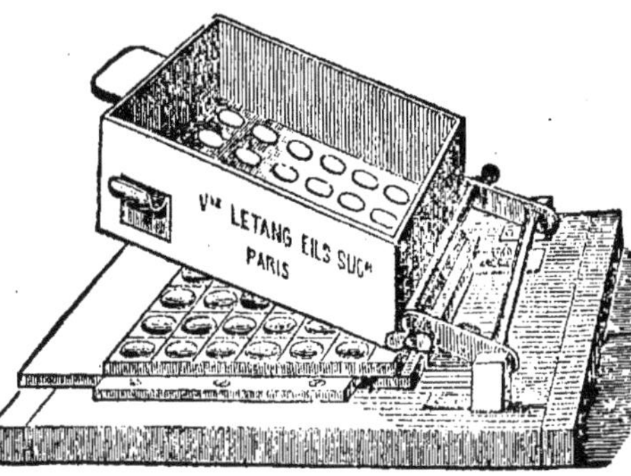

Pastilleuse.

Mettre la Pastilleuse à l'étuve avec la plaque dont on veut se servir pour la grandeur de la pastille à faire, toutefois ne pas la laisser chauffer, mais seulement lui enlever la fraîcheur, car si elle était trop chaude lorsqu'on y met la pâte, les pastilles blanchiraient au bout de peu de jours, il faut prendre de la pâte, ni trop molle, ni trop dure et surtout bien égale de chaleur, car si elle est trop dure, la pastille n'adhère pas à la plaque, et si elle est trop molle, elle file et fait des pastilles irrégulières.

Pour produire la pastille, on frappe d'abord la Pastilleuse à petits coups sur une pierre à dresser et pour en détacher la pastille, on lui donne un coup sec, l'on retire la plaque pour la taper à petits coups sur une table et lorsque la pastille est formée, on passe le gras du bras dessus, c'est ce qui lui fait conserver son brillant qui disparaîtrait et la ferait ternir si on la mettait dans un endroit trop froid.

Noms donnés aux diverses cuites de sirops.

1° GRAND ET PETIT LISSÉ.

On fait bouillir le sirop jusqu'au moment où, passant l'index sur l'écumoire et l'appliquant ensuite sur le pouce, on s'aperçoit qu'en écartant brusquement ses deux doigts, il se forme un petit filet qui se rompt sur le champ et laisse une goutte sur le doigt ; c'est le petit lissé et si le filet s'étend davantage sans se rompre, ce sera celle que l'on nomme le grand lissé.

2° LE PETIT ET LE GRAND PERLÉ.

Pour obtenir le petit et le grand perlé, il faut que le sucre bouille quelques minutes de plus que pour la cuite précédente, alors on fait la même expérience que ci-dessus et si le filet dont on parle acquiert de la consistance, le sucre est cuit au petit perlé, enfin, si en écartant les doigts, le filet se soutient, ce sera le grand perlé, au surplus, il est facile de reconnaître cette cuite à l'aspect du bouillon, car il forme de grosses bulles qui ressemblent à des perles.

3° LE SOUFFLÉ.

Le soufflé se connaît en plongeant l'écumoire dans le sucre bouillant, on la retire en la secouant un peu, on souffle à travers les trous ; s'il en sort des bulles semblables à celles d'eau de savon que les enfants font voler en l'air, on a la cuite désirée, qui est celle qui convient pour les petits candis.

4° LA MORVE ET LE PETIT BOULÉ.

Pour cette cuite on aura soin d'avoir de l'eau fraîche dans un vase près de soi, on trempe son doigt d'abord dans l'eau, puis ensuite dans le sucre bouillant, puis on le retrempe immédiatement dans l'eau, s'il s'attache un peu de sucre après et que ce sucre s'en sépare en filant, on a la morve, un peu plus cuite, on en fait une petite boule, on a le petit boulé, cette cuite convient pour les crêmes fondantes.

5° LE GRAND BOULÉ.

Même expérience que pour la précédente, alors si le sucre prend de la consistance au point de pouvoir être roulé en boule, on obtient l'effet désiré, on l'emploie ainsi cuit pour la confection des conserves maltes.

6° LE PETIT ET GRAND CASSÉ.

On emploie le même procédé que ci-dessus.

On reconnaît le petit cassé en ôtant le sucre qui reste aux doigts et en le cassant sous la dent, dans cet état, il doit être cassant et adhérent, au lieu que le grand cassé doit être croquant et laisser la dent libre.

7° LE CARAMEL.

Le caramel est la dernière cuisson du sucre ; elle se reconnaît à l'odeur qui approche de celle du benjoin et à la couleur qui est jaune foncé.

Le sucre est assez caramélisé quand il est dans cet état, alors on le retire du feu, on y ajoute de l'eau chaude pour le décuire.

Cette dernière cuisson ne convient que pour les amandes grillées, car entièrement brûlé, on ne peut qu'en colorer les eaux de-vie.

PRALINÉ.

Amandes flot.	1 kilo 500
Sucre raffiné en poudre	2 » »
Avelines	» » 500

Mettre le sucre et les amandes dans une bassine à cul de poule sur un feu modéré et remuer continuellement avec une spatule en bois et en tournant la bassine à chaque coup de spatule jusqu'à ce que le sucre se caramélise et que les amandes claquent, alors vider dans une bassine et y ajouter les avelines hors du feu.

Quand le nougat sera froid, le piler au mortier pour en retirer le petit grain, 60 grammes par kilo, mettre le reste au mélangeur sans le chauffer, en ayant soin de ne pas le laisser graisser, puis le broyer fin à la broyeuse à 3 cylindres à froid, pour ensuite mélanger le petit grain, puis faire des boulettes de la grosseur d'une noisette que l'on pralinera dans la couverture chocolat.

Pour l'opération du mélangeur et de la broyeuse, il ne faut pas qu'ils soient chauffés, car cela ferait tourner le nougat en huile et ferait cordonner la broyeuse.

Pour praliner, on se sert de la couverture qu'on amène à un degré convenable liquide, en y ajoutant du beurre de cacao, puis de la main gauche on jette les boulettes une à une, et avec l'index de la main droite on les roule dans la couverture, on enlève du bout du doigt pour poser sur une feuille de papier posée sur une plaque de fer blanc, puis on met refroidir dans un endroit froid et bien aéré. Il faut employer la couverture quand on ne sent plus de chaleur en la portant aux lèvres et qu'elle paraît plus froide que la température, si on l'employait plus chaude, les bonbons blanchiraient, si la couverture n'était pas bien mélangée et d'égale chaleur, ils seraient marbrés, aussi faut-il beaucoup de soin pour bien praliner et de tenir la terrasse de sa pierre à l'opposé du côté où l'on travaille, de manière que la pierre n'ait qu'une chaleur bien douce.

Pour tous les bonbons *pralinés* au chocolat, agir de la même manière.

MOULES DE BONBONS DE FANTAISIE.

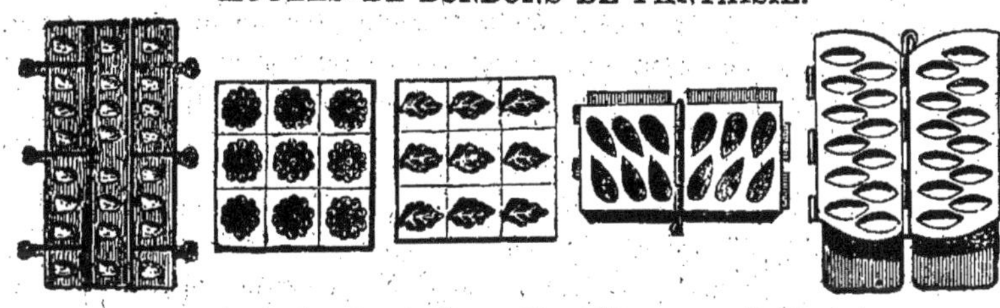

Bonbons à la Crème (fondants).

Sucre raffiné . . .	1 k.	»	Pour celles à la vanille, mettre une gousse vanille Mexique.
Glucose	»	100 gr.	
Arôme (divers) . .	»	30 »	

Mettre son sucre dans un poêlon d'office avec une quantité suffisante d'eau (1 litre par kilo de sucre) quand le sucre est presque cuit, ajouter le glucose, écumer et laisser cuire à la morve en ayant soin de mouiller les bords du poêlon pour éviter de grener, puis au moment de retirer du feu mettre l'arôme (1) voulu, laisser tomber le bouillon, puis verser tranquille-

(1) On aromatise à la framboise, au rhum, au kirch, au café, au Marasquin, à la pistache (pour la pistache, on prend un hectog., pistaches émondées, par kilo de sucre, on broye la pistache sur la pierre à chocolat froide, en ayant soin de mouiller un peu de temps en temps pour éviter qu'elle ne tourne en huile, ensuite on incorpore la pistache sur le marbre en battant la crème.

ment sur le marbre, laisser refroidir, puis avec le couteau plat de la main droite et la spatule de la main gauche, relever le tout en tas, lorsque le sucre est refroidi, car si l'on retournait chaud il grenerait, ensuite battre à la spatule, en ayant soin de temps en temps de relever les bords avec le couteau plat quand le sucre commence à tourner, il devient louche, puis d'un blanc mât, puis après très-liquide, c'est alors qu'il faut le veiller, car dès que l'on s'aperçoit qu'il devient compacte, on prend le couteau et l'on a soin de mettre en tas, puis ensuite on le pelotte en masse et au bout d'une heure on la donne aux bouleuses pour ensuite être praliné au chocolat. Les boules se font un peu plus grosses que celles de nougat praliné.

Crèmes au petit Candi.

Quand les crêmes sont battues, on les met dans des calottes en faïence pour les faire fondre au bain-marie, on prépare ses coffrets à amidon que l'on imprime, puis on prend un petit poëlon à couler, on met dedans une petite portion de crême que l'on fait fondre à feu nu, puis on coule dans les coffrets, en ayant soin d'éviter de faire des queues, quand les boules sont froides, on les retire sur un tamis et avec un soufflet, on enlève comme il faut l'amidon qui pourrait rester après les boules de crême, on ébarbe les bavures et on les met au Candi de 24 heures, puis quand elles sont égoutées on les range par lits dans des boites pour s'en servir au besoin et les praliner au chocolat.

Bouchées Impériales.

Sucre raffiné.	1 kilo	»
Amande flots émondés.	»	150 gr.
Eau de fleurs d'oranger (qu. ste).		

Broyer les amandes au boulet et faire un lait d'amandes en mouillant avec l'eau de fleur d'oranger.

Faire cuire son sucre comme pour les crêmes, seulement on montera la cuite au Boulé pour pouvoir décuire avec le lait d'amandes et ramener la cuisson au degré voulu pour les crêmes, verser sur le marbre et battre sa crême.

Puis on fait une boulette de pâte de praliné que l'on enveloppe dans la crême au lait d'amandes, puis on praline au chocolat, chaque bonbon pèse de 20 à 25 grammes.

Chocolatines.

Prendre des conserves de fruits, soit abricots ou gelées de pommes framboisées, recuire et couler au cornet en pastilles de la grandenr d'une pièce de un franc sur les plaques à pastilles, puis quand elles sont prises, on les détache avec le bout du couteau à palettes, on les double et on les pose par couche dans une boite garnie de poudre impalpable de chocolat Caraque, pour au besoin les praliner au chocolat et les mettre au Candi de 24 heures.

Bonbons Marquises.

Sucre en poudre . . . . 300 gr.
Amandes et pistaches émondées, hachées fines. 200 » bien sèches.

Mettre le sucre en poudre, à sec dans un poêlon à cul de poule, le remuer avec la spatule jusqu'à ce qu'il soit bien fondu, mettre ses amandes et pistaches bien hachées, donner un tour de spatule, couler sur le marbre légèrement huilé, prendre les ciseaux, découper vivement et rouler en forme d'olives pour praliner au chocolat.

Truffes.

On se sert généralement pour ce bonbon de pralinés et crémés manqués, blancs ou marbrés ou de déchets d'amandes grillées que l'on praline à nouveau et que l'on jette dans de la non pareille de chocolat pour ensuite les mettre au Candi.

La non pareille de chocolat se fait généralement avec le marc du beurre de cacao que l'on pile au mortier et que l'on passe au crible n° 1, puis ensuite au tamis de crin, afin d'en retirer la poudre.

Plus le bonbon est difforme, mieux il est, afin qu'il ressemble au nom qu'on lui donne.

Pralines perlées au Chocolat, de la grosseur d'une Noisette préalablement découpées par un moule

On grille de belles amandes flots 2/3 amandes, 1/3 sucre en poudre, mettre le sucre et les amandes avec peu d'eau, cuire au boulé, puis sabler, passer au crible, remettre les amandes sur le feu pour les faire revenir, verser le marbre pour les détacher et rouler.

Ensuite préparer un sirop à 26 degrés, le laisser refroidir, préparer une sauce avec chocolat Caraque et beurre de cacao, un peu plus liquide que le garni, avoir du chocolat caraque en poudre impalpable, prendre une bassine plate, y mettre une partie d'amandes grillées, puis faire arroser avec du sirop par un aide, bien remuer et sauter la bassine, saupoudrer avec la poudre caraque, puis recharger avec la sauce, ajouter de la poudre caraque et, renouveler la charge jusqu'à grosseur convenable, cribler au crible de peau, laisser sécher à l'air, puis mettre au candi de 12 heures.

Bonbons Américains.

C'est une pâte de nougat (praliné).
1 partie d'amandes flots émondées.
1 — d'avelines émondées.
1 — de sucre en poudre.

Cuite à sec et broyée avec un hectog. cacao-caraque par kilo.

On moule dans des moules à pincettes, tels que, amandes, noyaux d'abricots, fèves, etc., pour faciliter le démoulage, on saupoudre l'intérieur du moule à l'amidon, puis on met au candi de 24 heures.

Bonbons Sultans.

Faire un petit boudin à rigoles en pâte de praliné (nougat, dans la rigole, mettre un autre boudin en crême, couvrir avec du garni clair, saupoudrer, soit avec du sucre, en grains de couleurs diverses, amandes et pistaches émondées et hachées, puis couper par petites tranches et mettre au candi de 24 heures, égoutter et mettre sur tamis, (ce bonbon est coquet pour garnitures de boîtes).

Pâte d'orgeat à froid.

(POUVANT REMPLACER LA CRÊME ET NE DURCISSANT PAS).

Amandes émondées	2 kilo	
Sucre raffiné en poudre fine ou glacé.	2	
Sirop d'orgeat.	«	60 gr.
Liqueur de fleur d'oranger	«	60

Vous pilez le tout ensemble et vous broyez très fin au boulet, puis avec votre sucre, vous nourrissez votre pâte jusqu'au point qu'elle soit maléable pour pouvoir faire des boulettes que l'on praline au chocolat.

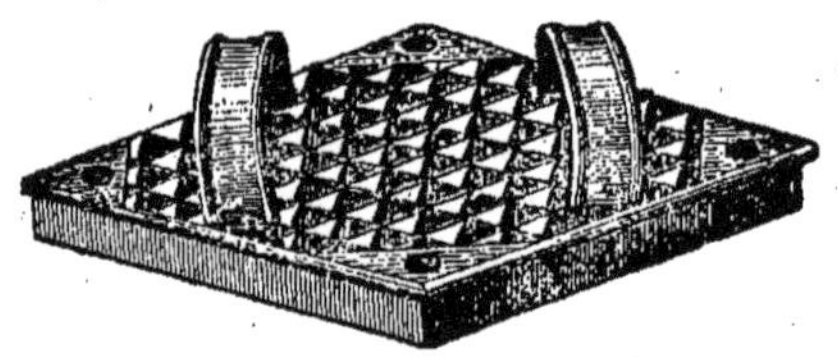

Découpoir de Nougat.

Caramels aux Chocolats.

Sucre.	0 kilo	500 gr.
Chocolat caraque.	0	125
Beurre fin, 0 fr. 10 c.		
Crème de lait, 0 fr. 10 c.		
Vanille (une gousse).		

Faire cuire son chocolat avec le lait, le beurre et la vanille, jusqu'à ce que le chocolat soit bien dissous.

Mettre le sucre sur le feu, le cuire au petit cassé, ajouter son mélange sur le feu et amener la cuite au gros boulé, puis verser sur le marbre (que l'on aura soin de graisser légèrement avec l'huile d'amande douce), imprimer le moule à nougat, le soulever de dessus le marbre avec un grand couteau et le casser avant son entier refroidissement, essuyer le dessous du bonbon avec un linge fin pour qu'il ne reste plus de trace d'huile et les ranger sur tamis.

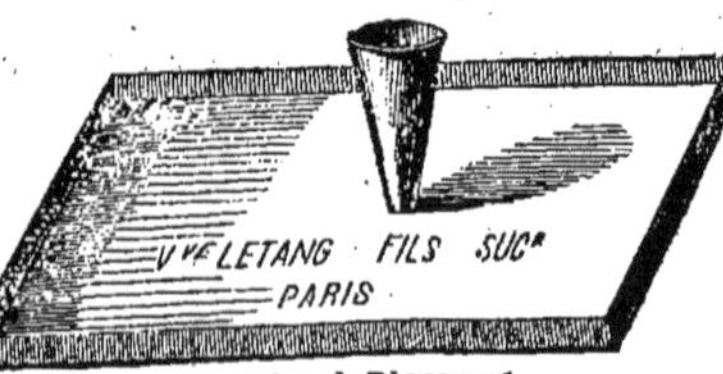

Moule à Nougat.

(Le caramel mou tourne au grain avant 24 heures sans pour cela perdre de sa qualité).

Pralines au Chocolat.

(DITES MONTESPAN OU LAVALLIÈRE).

Amandes flot	0 kilo	900 gr.
Sucre.	1	250
Chocolat caraque.	«	125

Mettre sur le feu, dans une bassine, les amandes, la moitié de son sucre et deux verrées d'eau qui servent à faire fondre le sucre, on fait bouillir le tout à grand feu et aussitôt que les amandes commencent à pétiller, on les retire de dessus le feu et on les sable, c'est-à-dire que l'on ramène le sirop à l'état de cassonnade, en le remuant avec une spatule.

Les amandes étant sablées, on les jette dans le crible pour ôter la cassonnade excédante, on les remet sur le feu, on les remue avec la spatule jusqu'à ce qu'elle fasse caramel, alors on les retire du feu et on les remue jusqu'à ce qu'elles soient refroidies.

Prenant ensuite l'autre portion de sucre que l'on met dans la bassine avec quantité suffisante d'eau pour le fondre, on le cuit au cassé, quand il est presque cuit, on ajoute son chocolat que l'on aura eu soin de faire fondre dans très peu d'eau et quand la cuite sera au cassé, on y jette les amandes en sablant comme la première fois, quand elles sont bien sèches, on les crible et on renouvelle une seconde charge comme la précédente, puis quand elles sont de nouveau bien sablées et criblées, on les met dans la bassine pour les glacer.

A cet effet, on verse dessus une dissolution de gomme arabique avec du sirop de sucre vanillé et en tenant les deux anses de la bassine, on les remue vigoureusement en les sautant et ayant attention qu'elles soient toutes également mouillées.

Cette opération étant terminée, on les met sur un tamis de crins passer une nuit à l'étuve douce pour les sécher.

Bonbons liqueurs (Rosolios).

Faire cuire 1 kilo sucre à 37 degrés, parfumez-le suivant le goût, soit vanille, citron, orange, kirch, rhum, marasquin, etc., donnez-lui la couleur convenable, retirez du feu et ajoutez le parfum, donnez un mouvement au poêlon pour faire le mélange et coulez dans l'amidon bien sec.

Au chocolat et au café, on laisse prendre un bouillon, avoir soin d'imprimer les moules bien droit et de la profondeur que vous voulez donner aux bonbons, mettre les coffrets à l'étuve douce pendant 24 heures, les retirer légèrement sur des tamis, les souffler doucement pour enlever l'amidon et praliner au chocolat.

Napolitains à la Pistache.

Garnir les moules à napolitains avec du garni, quand le chocolat est froid, remplir avec la pâte de nougat broyé bien fin et sans petits grains, recouvrir avec le garni et saupoudrer avec pistaches émondées et hachées menues.

Pralines Grillées.

Amandes grillées.	1 kilo.
Sucre	1

Mettre son sucre dans la bassine avec peu d'eau, quand le sucre est fondu, mettre les amandes, les laisser cuire jusqu'à ce qu'elles claquent, retirer du feu, sabler, puis passer au crible, remettre le sucre dans la bassine en le mouillant peu, le laiser cuire au cassé, jeter vos amandes dedans, retirer du feu, sabler de nouveau, cribler, détacher les amandes qui se sont collées, les remettre dans la bassine pour les faire un peu caraméliser en ayant soin de bien les remuer avec la spatule, les étaler sur le marbre pour les refroidir, puis les praliner au chocolat.

Sirop pour Candi.

Sucre en pains	10 kilos
Eau.	4
Esprit (alcool)	150 gr.
Œufs (deux)	

Mettre son sucre concassé dans une bassine, avoir soin qu'il soit bien mouillé afin d'éviter le caramel, cuire à feu nu et vif, au moment où le sirop est pour prendre bouillon, mettre ses blancs d'œufs dans une terrine avec un peu d'eau, les battre en neige, puis les verser dans le sirop. Quand l'écume est bien montée, retirer un instant du feu et écumer, remettre sur le feu et cuire à 34 degrés, puis aussitôt que l'on a retiré du feu, on verse l'esprit dans le sirop, on met refroidir en ayant soin de couvrir son sirop avec un papier percé et mouillé afin de laisser échapper les bulles d'air.

Le même sirop peut se recuire deux et trois fois en ajoutant un peu de sucre neuf, alors il faut monter la cuisson à 35 degrés et ajouter un tiers alcool en plus, à chaque cuisson afin de lui redonner du grain.

Pour empêcher le sirop de jaunir, mettre quelques gouttes d'acide acétique.

Pour sabler les sirops et résidus de sucres.

Mettre les sirops ou résidus de sucre dans une bassine, y ajouter de l'eau de chaux, 100 grammes par kilo, pour faciliter le dégraissage et mettre sur un feu vif, cuire au gros boulé, retirer du feu et sabler en remuant en tous sens, afin de faciliter le grain ; si le sirop était encore trop gras, on aura qu'à y ajouter quelques poignées de sucre brut étuvé, aussitôt qu'il commence à prendre et que l'on reconnaîtra quand il commence à faire mousse, c'est alors qu'il faut bien remuer en tous sens et aussitôt que l'on s'aperçoit que le bouillon crève et laisse échapper une fumée sèche, retirer vivement du feu, verser dans une bassine en fer et avec une spatule, écraser et réduire en cassonade. Le sablé bien fait doit être blond et friable, ensuite mettre à l'étuve pour bien le sécher.

On l'emploie dans la fabrication des chocolats communs

Glace pour décors.

Prendre un blanc d'œuf, du sucre en glace, une goutte de bleu, quelques gouttes de jus de citron, battre avec une petite spatule, le tout ensemble, jusqu'à ce que cela forme glace; pour conserver, couvrir avec un linge humide pour l'empêcher de croûter.

Pour les glaces de couleurs, employer le carmin, le bleu, le jaune, etc.

On se sert du cornet pour décorer les œufs de Pâques, les sans-gène, pipes, etc., en chocolat.

Vernis pour Chocolats.

Esprit de vin	1/2 litre.
Gomme laque.	60 grammes.
Benjoin en larmes. . . .	125 d°

Piler et laisser macérer au moins 24 heures, puis tirer à clair.

Couvertures pour bonbons.

SUPÉRIEURE.

Caraque, n° 1	1k.	500 g.
Amandes émondées	1	500
Sucre raffiné	1	500
Vanille Mexique	0	60
	4	560

Autre

Caraque n° 1	2	500
Maragnan n° 1	2	500
Trinité n° 1	2	500
Sucre raffiné	7	500
Vanille Mexique	»	250
Nougat praliné	2	»
	17	250

Ordinaire.

Trinité n° 2	10	»
Amandes en sorte	2	»
Sucre raffiné	10	»
Vanille	»	50
Benjoin	»	50
	22	100

Chocolats Médicinaux

(D'APRÈS LE CODEX).

Chocolat iodure de fer

(PIERQUIN).

Iodure de fer	»	7
Chocolat	»	500

Par tablettes de 32 grammes.

Garni pour bonbons.

Caraque n° 1	1k.	»g.
Maragnan n° 1	1	»
Trinité n° 1	1	»
Sucre raffiné	2	500
Vanille Mexique	»	30
	5	530

Arôme pour remplacer la Vanille.

Storax	»	60
Macis	»	8
Maragnan	»	60

Bien broyer le tout ensemble. Pour aromatiser, mettre » 35 de cette pâte par 5 kilos chocolat.

Arôme pour chocolat de santé.

Benjoin en larmes	»	60
Muscades (4 nombre)	»	»
Canelle de Ceylan	»	30
Clous de Girofle	»	2
Baume de Tolu	»	60
Cacao	1	»
	1	532

Bien broyer le tout ensemble pour aromatiser 25 gr. par 10 kilos.

Chocolat à la Magnésie

(DORVAULT).

Magnésie calcinée	»	100
Chocolat	1	»
En tablettes de	»	30
Ou en pastilles de	»	1

Les études que j'ai été à même de faire, soit à l'usine de la Compagnie Coloniale, dont les produits sont toujours traités avec le plus grand soin ; soit dans d'autres maisons, où j'ai conduit des machines à fabriquer le chocolat et où j'ai fait des bonbons, m'ont donné une expérience pratique, dont je n'ai fait que consigner les résultats dans le présent ouvrage.

Ce manuel manquait aux chocolatiers, j'ose espérer qu'ils lui feront bon accueil et qu'il leur rendra de réels services ; — ce sera la plus belle récompense pour mes efforts.

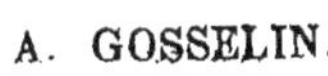

A. GOSSELIN.

MONTDIDIER. — TYP. MÉROT.

www.ingramcontent.com/pod-product-compliance
Ingram Content Group UK Ltd.
Pitfield, Milton Keynes, MK11 3LW, UK
UKHW022141190726
13855UKWH00003B/1283